品牌双螺旋

数智时代
创建"真品牌"的
新方法论

**BRAND
DNA**

鲁秀琼 王赛 著

机械工业出版社
CHINA MACHINE PRESS

图书在版编目（CIP）数据

品牌双螺旋：数智时代创建"真品牌"的新方法论 / 鲁秀琼，王赛著 . —北京：机械工业出版社，2023.10

ISBN 978-7-111-73662-2

Ⅰ. ①品⋯　Ⅱ. ①鲁⋯②王⋯　Ⅲ. ①网络营销－关系－品牌战略－研究　Ⅳ. ① F713.365.2 ② F273.2

中国国家版本馆 CIP 数据核字（2023）第 150566 号

机械工业出版社（北京市百万庄大街 22 号　邮政编码 100037）
策划编辑：刘　静　　　　　责任编辑：刘　静
责任校对：龚思文　张　薇　责任印制：张　博
北京联兴盛业印刷股份有限公司印刷
2024 年 1 月第 1 版第 1 次印刷
170mm×230mm · 13.75 印张 · 1 插页 · 161 千字
标准书号：ISBN 978-7-111-73662-2
定价：79.00 元

电话服务　　　　　　　　　网络服务
客服电话：010-88361066　　机　工　官　网：www.cmpbook.com
　　　　　010-88379833　　机　工　官　博：weibo.com/cmp1952
　　　　　010-68326294　　金　书　网：www.golden-book.com
封底无防伪标均为盗版　机工教育服务网：www.cmpedu.com

| 赞　誉 |

菲利普·科特勒

现代营销学之父，美国西北大学凯洛格商学院教授，科特勒咨询集团首席顾问

作者不但洞察到今天数字化环境下战略的变化，而且更深入地讨论了"数字环境下营销哪些没有变"，数字化战略的实施并非对原有品牌的颠覆，两者之间要互补与融合。

韩微文

贝恩公司中国区总裁

放眼未来，在黑天鹅事件频发、竞争模式升级的时代背景下，提升企业内在力量成为企业常青的重要因素，而"品牌"更是其中最不容忽视的因素之一。《品牌双螺旋》是两位营销大咖的思维碰撞与融合，提出了可以重新构建品牌核心竞争力、发挥品牌力量、实现品牌价值最大化的理论框架和实践方法，希望能够助力国内企业先人一步，赢在未来。

卢泰宏

中山大学市场营销学教授，《营销管理》中国版合著者

品牌理论与品牌实战隔有一道鸿沟，本书的新构想和落地方法有助于企业在数字化情境中缩小此鸿沟，有提升品牌化之实效。

王　高

中欧国际工商学院市场营销学教授

《品牌双螺旋》凝聚了两位作者多年的顶级品牌操盘和咨询经验，更展现了作者深入系统的思考，为数字时代的品牌建设提供了一套系统的方法论，是难得一见的品牌管理佳作。

董本洪

阿里巴巴集团 CMO

在数据科技时代，数据在营销上的运用越来越便利和普及，使得新品牌与新赛道的入门门槛比以往低，但扁平的市场也给品牌带来了不容易持续生存的挑战。《品牌双螺旋》提出了一个更全面、更新颖的品牌管理框架，帮助大家在策略层面与执行层面同时获得提升，以迎接数据时代的机遇与挑战。

张　川

美团高级副总裁

在巴菲特的护城河理论中，"品牌"是特别重要的一个方向；在实际的执行中，品牌和做好广告、流量又产生了很大的冲突。如何帮助中国的管理者穿越迷雾，长期有耐心地建设品牌，不在流量中迷失，不在流行中迷茫，《品牌双螺旋》提出了在中国建设品牌的方法论。鲁秀琼既有长期在中国市场的实践经验，又有国际化的视野和先进的理论基础，一直是国内最懂品牌的大咖之一，也是一位有梦想和初心的中国营销人，期待着本书可以推动中国营销不断地发展变化。

陈就学

亚洲市场营销联盟创始人，《营销革命 3.0》《营销革命 4.0》《营销革命 5.0》联合作者

两位作者都是咨询界的大咖，这是一本品牌决策者与管理者、CEO必读的新时代作品，它内含丰富的图景和对人性的洞察，以及打造数字时代品牌战略规划的顶层方案与操盘细节。

汪　涛

中国高等院校市场学研究会会长，武汉大学市场营销学教授、博士生导师

近年来，相比营销其他领域的活跃，关于品牌理论的讨论则相对平静，这不是说品牌变得不重要了，恰恰是因为太过于重要，以至于只有对实践进行透彻反思和不断淬炼，才能洞察出新时代下品牌本质的"变"与"不变"。从这个意义上讲，鲁秀琼女士和王赛先生的《品牌双螺旋》的出版恰逢其时。他们敏锐而全面地把握住了这个时代的本质特征，糅合了数字技术的理性和丰饶经济的感性，提出了智和情的融合双驱、螺旋成长的品牌战略逻辑和策略框架。总而言之，无论是对于业者还是学者，《品牌双螺旋》都是一本难得的佳作！

景奉杰

华东理工大学商学院营销科学研究所所长，中国高等院校市场学研究会副会长兼教学委员会主任、执委会 CEO

营销无定式，底层有逻辑。企业进行品牌管理可以比竞争对手带给消费者更高的差异化价值，并由此为自身建立起可持续竞争优势和长期发展的关键性决策，但是不能脱离顾客需求和品牌竞争的基本逻辑。不同于营销图书和咨询培训市场上品牌即品质、品牌即传播、品牌即定

位、品牌即名牌、品牌即故事、品牌即流量、品牌即爆品等单极思维体系，也有别于品牌领域名家名著的经典体系，鲁秀琼和王赛融人文感性和科学理性于一体的《品牌双螺旋》是一本值得营销学者和品牌专家研读的精品好书。

须 聪

麦当劳（中国）有限公司前副总裁、前 CMO

营销的核心理论说来说去无非也就是这么几个，难得的是与时俱进地应用。以鲁秀琼金字塔尖的职业履历，选择几个光芒万丈的案例就足以指点迷津，然而她还是选择苦口婆心地讲述"品牌的初心"并层层剥开，希望新一代的营销人能细嚼慢咽，并真正领悟其中的奥妙。

车 祁

百威亚太 CMO

无论是新兴品牌还是超级品牌，与消费者建立并不断保持相关性都是营销人面临的核心挑战。在品牌双螺旋模型的每一个组成部分中，我们都能看到从消费者出发构建起来的智、情内在驱动，这可以帮助企业、营销人以更完整和更具有策略的视角推动创新，塑造品牌的今天和明天。

方 军

联合利华中国数据与数字化发展前副总裁

将跨国公司品牌的百年理论沉淀与民族和新锐品牌的无畏创新进行了天衣无缝的融合，并以理科高才生的思维构建框架，用文科才女的生花妙笔娓娓道来，能做到这一点的恐怕只有王赛和鲁秀琼这对搭档了。

李自强（Richard Lee）

康师傅饮品控股有限公司 CMO，百事大中华区前市场高级副总裁

中国是全世界第二大经济体。2021年《财富》500强上榜的中国企业有143家，远远超过美国（122家），但真正拥有品牌影响力的中国企业却不多。这是一个非常令人沮丧的现象，很多中国企业可以有很高的营收但未能创造出高价值的世界品牌。真心期望鲁秀琼这本糅合了智和情的品牌独门心法能启发更多的中国企业注重长期品牌建设，为"中国创造"带来真正和持久的价值。

陈 科

安踏集团 COO

品牌价值传递和消费者价值诉求的共鸣无疑是企业发展的坚固基石。《品牌双螺旋》提出的由智、情内在驱动的品牌建设，是企业与消费者构建共鸣、稳固基石、打造新商业时代下企业核心竞争力的最佳策略！

曹 成

品牌几何创始人

在一个实用主义的文化中，人们更多关注效用，产品和服务要有用，随之衍生出的概念比如营销和品牌都得有用。随着消费普及、升级和分级的市场阶段进化，伴随着消费需求的提升，也随着企业家经营格局的拓展，我们发现除了"有用"之外，不管是用户还是企业家都有更高的价值储值要求，意识与认知成了更好的容器。《品牌双螺旋》从理性和感性两条线，将经济人和社会人结合考虑，用定性和量化综合

评估，告诉我们品牌是"知行合一"行动顺理成章的结果，让读者别有启发。

刀姐（Doris）

刀法 Digipont 创始人兼 CEO

我和鲁秀琼因为有"成就中国好品牌"这一共同愿景和信仰而相识。从网红到长红，如何能成就中国好品牌，是当下企业都正在解决的难题。历经 18 个月以上，《品牌双螺旋》这本书终于出炉，结合鲁秀琼之前多年外企品牌操盘的经验和她近两年在新消费品牌中的探讨与摸索，相信本书会给大家一份自检清单，找到品牌制胜的关键节点！

| 推荐序 |

　　2019 年 10 月，市场营销学大师菲利普·科特勒（Philip Kotler）先生飞赴北京出席"2019 科特勒未来营销峰会"并做了题为《市场营销的未来》的学术讲演。鲁秀琼那时还在可口可乐公司，和我一起受邀出席了活动晚宴。晚宴前的沉浸式舞蹈和"多维视角看福布斯"展览，让她很感动。她发微信跟我说希望跟科特勒咨询同人们聊聊，特别是王赛。我当即拉了一个小群，让他们开聊。

　　他们聊了一段时间，我就看到鲁秀琼从可口可乐公司出来，不断地考察各类新锐品牌，并加入了贝恩咨询，还在《中欧商业评论》开设了专栏。鲁秀琼本科毕业于复旦大学生物系，对 DNA 双螺旋模型肯定非常熟稔。王赛博士是营销战略和品牌咨询界的资深咨询专家，在市场营销理论和实操方面都有着精深的造诣，自然是理论建构的高手。看书名，就知道本书的主要理论和内容是他们俩脑力激荡之后的成果。

　　"螺旋"这一概念在品牌和广告界的应用颇有来历。1925 年，广告理论先驱奥托·克莱普纳（Otto Kleppner）就提出了著名的"广告螺旋理论"（Advertising Spiral），他指出广告螺旋分为三个阶段：开拓阶段（Pioneering Stage）、竞争阶段（Competitive Stage）和保持阶段（Retentive Stage）。不过广告螺旋理论是单螺旋模型。

鲁秀琼和王赛在书中主要贡献了一个智情双螺旋模型。这是他们钻研经典、继承扬弃的结果。科特勒教授在其巨著《营销管理》的几乎每一版里都会写上这句话：营销既是科学，也是艺术。但营销科学和艺术如何结合？老先生并没有专门展开系统论述，让人觉得就像一勺盐溶入一杯水会变成一杯盐水那样是最自然不过的事情。

品牌战略权威凯文·凯勒（Kevin Keller）在其著作《战略品牌管理》中提出了一个"基于消费者的品牌价值模型"（CBBE模型），在金字塔的右边是跟顾客的"心"相关的品牌建设行为，如形象、感觉等，而在金字塔的左边则是跟顾客的"智"相关的品牌建设行为，如绩效、判断等，左右两边品牌建设行动协调一致，激发起顾客对品牌的认知评价和情绪反应，就会产生"品牌共鸣"。凯勒教授在论述这个模型的时候，重点将其放在品牌价值链中论述其对顾客心智的影响作用，但对如何影响，特别是偏"心"的感性路线和偏"智"的理性路线之间如何互动、交融和协同，最终产生共鸣效应并没有展开具体论述。

在我看来，《品牌双螺旋》正好弥补了大师们思想上的某些"留白"。

使命宗旨。品牌既要思索为顾客创造什么价值，又要考虑公司如何通过创造顾客价值获得可持续的竞争优势。价值和优势这两个概念只有在品牌使命初心上实现了内在的统一，才能回归其一体两面的本质。雷军创立小米时表示要"做全球最好的手机，只卖一半的价钱，让每个人都能买得起"，所以小米的战略是打造"极致性价比"，并将其拓展至整个小米生态圈。这样就实现了顾客感知价值（高性价比）和企业竞争优势（基于生态圈网络的成本领先）的统一。

用户满足。在过剩经济时代，企业如何开辟新的市场和新的赛道？这既需要对产业机会和市场机会进行科学的估计，又需要对用户需求进行精准的洞察。由"智情碰撞"而"智情匹配"，最终会有让人眼前一亮的营销创意出现。最近我调研的品牌添可就是很好的例证。在吸尘器和扫地机市场已经充分饱和的情形下，添可却通过对用户家庭清洁行为的洞察，开创出一个高效、省时、省力的全新的洗地机品类，销售额四年就达到50多亿元，并占据高达七成的市场份额。用户导向是品牌使命初心的出发点，用户满足则是落脚点。

市场破局。顾客构成市场，满足顾客就需要拥抱市场，用尽可能完美的产品和服务，契合并超越顾客预期价值，这样的产品才能入心入脑，占据顾客心智。但是，真正好的产品或服务是在对顾客心智研究的基础上设计出来的，这是本书的一个重要观点。传统的心智研究理论主要是定位理论，而鲁秀琼和王赛则将待办任务理论（Job-to-Be-Done，JTBD）和场景研究导入进来，建构了心智品类和产品品类之间的逻辑关系和耦合关系，从而为产品设计提供了空间和各种机会点。多年前我曾经请Interbrand中国区时任CEO陈富国博士来复旦大学做过一个演讲，他的观点让我记忆犹新，用在这里也非常具有解释力。他说："形而上者谓之道，形而下者谓之器。"如果顾客价值是"道"，产品设计是"器"，那么品牌是什么？品牌就是"形"。

品牌升维。品牌作为连接顾客价值和产品设计之间的"形"，是随着顾客价值的变化和产品创新的变革而不断演进的。所谓"兵无常势，水无常形"也。我非常欣赏本书提出的品牌五维度模型，它既有理论基础又富有时代色彩，让这五个维度和品牌管理架构之间相呼应，从而在这一层面形成"智情互动"的底层逻辑，是很有理论洞察力的思考和探索。以小罐茶为例，它引入制茶大师背书品牌，实现了品牌升维，必然要求公司将品牌管理延伸至供应链体系，从而引发管理升级，结果是小罐茶作为一个茶叶新物种，其顾客价值也得到了升华。

全域营销。品牌升维、管理升级和价值升华之间的螺旋循环，必须建立在对消费者旅程高度理解的基础上。数智化时代，消费者旅程的能见度大大提升，因此也引发了品牌营销的全链路思维和战略布局，传播即营销，内容即产品，媒体即渠道。品牌内容传播和策略连接成为可能，并且还可以让消费者享受到全触点的体验一致性。五谷磨房的全新燕麦品类"吃个彩虹"，就是在洞察消费者旅程的基础上，通过社交渠道聆听消费者偏好，通过全渠道布局品牌分销，在极短时间内创造爆品的全链路营销案例。

《品牌双螺旋》之所以有机会为大师理论补白，本质上是因为数智化为营销艺术提供了数据基础和实践技术，也为营销科学提供了创意平台和创新机制。这是时代给鲁秀琼和王赛的机遇，他们能抓住机遇，不仅仅是因为他们年岁相当、经历迥异，更因为他们都有着改变行业的梦想和情怀。鲁秀琼是一个认准事情一定想办法做成的人，而王赛恰恰就是那个有很多办法的人。一个是浸淫国际一流品牌管理实践二十余年的营销人，另一个是长期观察辅导品牌和战略实践二十余年的咨询师，他们俩联手奉上的作品，一定是真正将理论和实践有机结合、融会提升的好书。

是为序。

蒋青云

于复旦大学管理学院思源楼

2023 年 8 月 29 日

初心与逻辑

　　《品牌双螺旋》这本书以品牌的初心为起始点，将品牌背后的理性与感性以逻辑的方式，似 DNA 的双螺旋结构一样交织展开。鲁秀琼和我试图让品牌重回本质与内核精神，又赋予品牌数字化变革时代的新方法。

　　再次感谢我们的好朋友，中国顶级商业出版策划人、山顶视角创始人王留全先生亲自操刀主理本书，而当他拿到我们合作的初稿时，留全兄说的第一句话是："你们的新品牌方法论逻辑超级棒，但是请问两位顶级咨询顾问，你们写这本品牌书的初心是什么？"

　　是啊，如同我们把品牌双螺旋方法论的起始点放在使命初心上，写这本《品牌双螺旋》我们俩亦有初心。对于鲁秀琼而言，这本书的讨论源于其职业生涯中从可口可乐到贝恩公司的过渡期——从商业史上最伟大的品牌之一可口可乐的中国操盘者，到全球性咨询公司贝恩全球专家合伙人，鲁秀琼认为她身负一种时代的使命感，愿意将其近 25 年的品牌实践经验和盘托出，传承给更多热爱并有志于投身品牌工作的年轻一代。

　　对于我而言，虽然《增长五线》《增长结构》是我在市场增长战略领域的代表作，但是我咨询生涯的起点，却是在科特勒门下从事市场营销与品牌咨询，平安、华润雪花、飞亚达、宝钢、上汽，我在这些公司都担任过品牌顾问，过去十年亦在诸多媒体上发表了关于品牌战略的论述。而促使我最终系统化撰写成书的，是诸多前辈大师的鼓励，尤其是写作过程中曾多次请教品牌学界与咨询界的教父级人物，包括戴维·阿克、凯文·凯勒以及卢泰宏教授等，特别感谢他们的回复与指正。戴维·阿克专门回信告诉我他的"品牌相关性理论"与里斯的"品类战略"的区别，凯文·凯勒特别提示我关于品牌资产，"Brand Asset"与"Brand Equity"两者之间如何界定，而卢泰宏教授更正了我对品牌简史一些细节的失误（如品牌形象理论并不出自奥格威），再次向这些品牌领域的大前辈致谢。

在写《品牌双螺旋》之前，业界讨论品牌的书早已汗牛充栋，我们熟知的大家与作品，比如艾·里斯与杰克·特劳特合著的《定位》[一]，戴维·阿克的"品牌三部曲"[二]，唐·舒尔茨与他人合著的《整合营销传播》，凯文·凯勒和让－诺埃尔·卡普费雷尔各自所写的《战略品牌管理》，都从彼时的商业背景入手，给出了划时代的品牌解答。而今天我们所面临的数字时代（或数智时代），区别于传统的原子时代——营销技术（MarTech）兴起，消费者触点无处不在，品牌从整合传播走向链路贯通，是持经达变，还是持变达经，品牌原理需要在数字时代开出新花，这是新一代咨询顾问的使命。

这本书还想给中国业界"提及品牌，必唤定位"吹进一场新风，品牌理论中定位的确有里程碑的意义，但教条主义的使用使得诸多中国品牌陷入追求"某某销量遥遥领先"的怪象，使得真正的理性缺位。从学

[一][二]　本书中文版已由机械工业出版社出版。

理来讲，定位并不等于品牌，定位只是品牌的基石之一，不能无限制地夸大，而用我在多次与定位派论战中的话来说——定位是一箭穿脑，而好的品牌要一箭穿心，甚至是一箭穿魂。真正的好品牌要穿越定位才能伟大。

本书以品牌双螺旋重新贯通品牌方法论（见图 0-1），包括使命初心、用户满足（包括"需求洞察"与"赛道容量"）、市场破局（包括"心智占领"与"产品设计"）、品牌升维（包括"品牌维度"和"结构体系"），以及全域链路（包括"内容播传"和"链路贯通"）。以上五个层面每个层面都分别对应一个品牌塑造过程中的核心问题：品牌为何存在，需求要不要做，市场如何破局，品牌为何挚爱，链路依何整合。

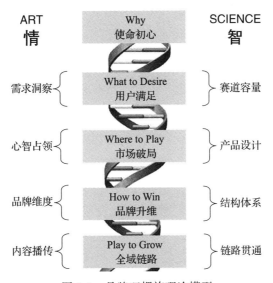

图 0-1　品牌双螺旋理论模型

在鲁秀琼和我的这套品牌双螺旋的方法论中，除了整体的品牌策略架构之外，我们认为书中值得读者关注的新思维包括：

如何度量赛道容量：引入克里斯坦森的 JTBD。

如何选择或创新赛道：提出 3M——用户需求的时空切片管理视角（Micro Moment Management）。

如何看待心智机会：提出从品类定位到场景下 JTBD 的定位视角。

如何让品牌挚爱：提出品牌新五度（区别于戴维·阿克的品牌资产五维度）。

如何在数字时代让品牌影响到消费者行为：提出消费者行为导向的全域链路（Consumer Centric Loop），区别于舒尔茨的整合营销传播（Integrated Marketing Communication，IMC）。

如歌德所言：理论是灰色的，而生命之树常青。希望这本品牌领域的新作，让企业界在看到生命常青之树的同时看到并不灰色的理论。品牌是商业领域中最温暖的领地，新品牌理论要唤起的亦是彩色之光。

CEO 咨询顾问，《增长五线》《增长结构》作者

科特勒咨询管理合伙人，同时执教长江商学院企业决策者项目

wangsai@kotler.com.cn

| 目 录 |

第 1 章

构建品牌双螺旋

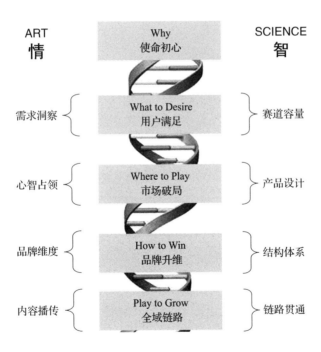

01　品牌建设往何处去

品牌毫无疑问已纳入企业高层的管理方向和关键决策安排，亦成为诸多企业竞争优势的重要输入，在今天中国企业面临"品牌燥热症"的情境下，随处可见的是有关品牌的误区。经过四十多年的市场经济发展，中国企业的生产力有了翻天覆地的变化，整个发展结构由单一走向多元，随之而来的还有消费市场的极速扩张、大众消费欲望的急剧释放等种种时代利好，市场上形色纷繁的商品与商标如同涌流。

之所以在这里使用"商标"而非"品牌"，是因为我们认为，尽管存在着这样一段漫长的市场红利期，真正植根中国本土的伟大品牌屈指可数。这样的判断出于我们对品牌不一样的理解和定义，但深挖到问题根本，是广大中国企业对品牌的理解还较为薄弱和初级，简单地把品牌建设与做品牌（做广告、能带货、有定位）画上等号，着急于传播外延的效果而忽视了品牌内涵的梳理。

真正的品牌建设始于初心，重在选择，需要梳理迭代，不在于广告费用投入的多少，不急于追求短期的效果，而是作为企业发展的指路明灯，帮助企业做得更好、活得更久，是在完成"心理脱贫"后才能进入的更高阶段——试想，有多少企业只是想做一时的声量曝光，对自身发展都未能形成长远规划，就开始将"做品牌"奉为金科玉律？不讲长期主义，忽视对基业长青路径的探索，品牌建设就只是空谈。

为什么会出现这样的矛盾情形？一直以来，人们对"品牌"的认识都没能达到完全统一，有关它的各种定义层出不穷，当种种观念激荡甚至混淆时，就难免片面，甚至产生误解。目前谈及对品牌的认识，相对主流的观点大致分为以下几类：从认知层面看，品牌是指消费者对产品及产品系列的认知程度；从标准的角度衡量，品牌是一种拥有对内和对外两面性的"标准"或"规则"，是通过对理念、行为、视觉、听觉四方面进行标准化、规则化，使之具备特有性、价值性、长期性、认知性的一种识别系统总称；从资产维度评析，品牌是具有经济价值的无形资产，用抽象化的、特有的、可识别的心智概念来表现其差异性，从而在人们的意识当中占据一定位置。根据现代营销学之父科特勒在《市场营销学》[⊖]中的定义，品牌是销售者向购买者长期提供的一组特定的特点、利益和服务，是给拥有者带来溢价、产生增值的一种无形的载体。如果把学院派和企业派的观点总结归纳，前者更多的是认为品牌是企业优势和实力的综合体与消费者"界面"（Interface）的互动，后者更加直截了当——品牌是为了客户关系协同。

无论孰是孰非，以上这些论断都试图从更深层次发掘品牌的精神内涵，但当下中国企业存在的明显误区，就是把品牌的诸多表象当成了它的实质。前文提及的商标不等于品牌，市场上的白牌、厂牌、名牌也不等于品牌，甚至认知度、美誉度也不等于品牌。但大部分企业往往对品牌做这样简单的理解，在它们的视野里，一旦自身的商标或者说形象变得广为人知，就宣称自己建立了品牌，可从本质上看它们只是拥有了一个专有名称而已。在我们的视野里，所谓消费者心目中的"牌子"（Brand）可以分为以下四种。

白牌： 低价取胜的可购买产品，依赖于价格力的竞争，比如早期拼多多的大单品。白牌依靠供应链优势可以迅速撬开市场，问题是容易陷入同质低价竞争，薄利多销的商业模式缺乏可持续发展动力，需要及时

　　⊖　本书中文版已由机械工业出版社出版。

升级换代。

厂牌：随处可见的可信任牌子，侧重于渠道力的推动，比如格力空调、康师傅矿泉水都是通过领先行业的渠道精耕能力立足市场。但在消费升级大趋势下，会面临现有产品线老化、动销率下降的问题，如果不能及时迭代创新，销售网络中的成员就容易军心动摇，需要自我创新迭代。

名牌：有差异化的首选心智，建立在知名度的优势之上，比如妙可蓝多、飞鹤都是非常清晰地找到了消费者需求，通过独特的差异化定位和饱和性营销占领品类首选心智。问题是时代的规则从同类火拼转向跨界打劫，真正的竞争往往来自更高阶的品类降维打击、重新定义心智（比如香飘飘的市场衰退受新茶饮的崛起影响；中国移动和中国联通还在为套餐价格打得不可开交时，微信重新定义了沟通方式）。面对这样的局面，企业需要不停升维，从名牌现有的产品品类的定位、产品特性的差异点、功能新利益点、知名度的优势出发，建立品牌长期护城河。

品牌：能产生共鸣的价值创造，源自价值观的内涵。基于人性洞察，有着独特的功能特色、情感诉求，形成了品牌价值观让消费者共鸣（情感投射、溢价购买、主动拥护）。真正伟大的品牌都是长期主义者，从价格导向、渠道为王、心智占领到价值观引领的势能突破，通过营销形成长期价值的沉淀，建立了真正的护城河。

当然，做品牌并不是简单地否定品牌之前的三种牌型——白牌、厂牌、名牌，这四者之间是进阶关系。渠道赋能、有差异化的首选心智是基础，想要真正实现品牌飞跃得靠知名度之上、差异之上的价值观共鸣，这才是顶层差异。现今的营销行业里充斥着各种对品牌定义的观点和看法，过度聚焦品牌外延的传播，而缺乏对品牌内涵的了解。还有人认为品牌就是知名度、美誉度、忠诚度等一系列评价维度的堆积，"品牌有知名度就行"的想法泛滥，甚至市场上一众对外标榜"定位公司"的，所做的只能算是"产品线定位"，与真正意义上的"品牌定位"差之远矣，但无论是它们本身还是所服务的公司都并未察觉。

造成这种混淆的重要原因，就是"Brand"一词在中文语境里被简单地稀释了，品牌分化出了各种层次，每一层次作用各不相同。换言之，我们认为品牌有广义与狭义之分——广义的"品牌"包含了大量与营销相关的概念，成为一个已经宽泛的名词。**于是我们重新定义了一个更狭义或者说更聚焦的"品牌"——本质是品牌拥有者的产品、服务或者其他优于竞争对手的优势能为目标受众带去高于竞争对手能提供的溢值，以形成从价值到价值观层面上的差异化优势。**

新消费时代，消费者从追求物质满足进化到渴望心理脱贫，商品的实用性不再是购买执行的决定性因素，情感归属成为品牌价值观的核心表达。"产品线定位"仅仅推动了大众对产品的理性认知和复购，而真正的品牌能产生情感偏好和认同溢价。正如可口可乐全球营销前副总裁哈维尔·桑切斯·拉米拉斯所说："人们不会为一个产品花很多钱，但会心甘情愿地为一种体验买单。"基于我们对品牌的重新定义，以下三大最常见的品牌认知误区也可以直接澄清。

卖爆款 ≠ 做品牌

近年的新品牌浪潮中，一波又一波新锐国货崛起，既有大量海外小众品牌涌入，又有传统品牌加急发力，国际大牌"年轻化"如火如荼……中国的消费品赛道直接迎来新物种的大爆发，整个市场的想象力和创造力都被充分释放。不可否认的是，大量品牌的成名之路，都源于爆款的诞生，但卖爆款并不等于做品牌。

成功发掘爆款意味着找准了商业机会，一旦能短时间内起量且做好新客留存，企业估值就能快速增长。其实这个过程的本质就是打造最小化可行产品（Minimum Viable Product，MVP），经过高速迭代和不断修正实现自我进化，再借助增长黑客玩法达成爆发，实现闪电式增长。

短期来看，此类品牌在资本市场上确实会变得很有想象力甚至备受青睐，但仅仅做这些依旧停在卖货层面而已，其提供的产品相比竞品有何优势？在用户选购同类产品时，能否被迅速联想？用户能否接受产品之外的溢值？一夜成名的网红品牌屡见不鲜，但想将急剧涌入的流量沉淀为品牌价值，需要更长远和精细化的运作。如果将做品牌完全寄托在"造爆款"上，未免本末倒置。

信任状 ≠ 做品牌

脱胎于定位理论的"定位三问"在业内风行多年：你是什么（品类），有何不同（定位），何以见得（信任状）。这里的信任状，是一个客观可靠的证明或公认的事实，来帮助品牌把定位变得更加可信。美的"新节能"系列空调上市时，打出的广告语是"一晚一度电"；OPPO这样描述产品的快充功能——"充电五分钟，通话两小时"；香飘飘声称"连续多年销量领先"，用"杯子连起来可绕地球一圈"佐证。这些都是人们耳熟能详的信任状。而在面对新生品牌时，人们对它缺乏认知和了解，更缺乏信任，故而许多品牌在打造信任状上耗费了大量心力。

不过很遗憾，即使能够回答所谓的"定位三问"，成功推出信任状，也不完全等于做品牌。要从产品上升为品牌，还要在利益点中融入情感附加值，满足用户更高层次的需要，所以我们加上了最重要的一问——

为何爱你（Brand Love）。只有厘清这环环相扣的四个问题，才有可能建立起全面的品牌表达（见表 1-1）。

表 1-1　"定位四问"

品牌	你是什么	有何不同	何以见得	为何爱你
江小白	白酒品牌	年轻人的小酒	植入大量年轻人喜爱的场景，如剧集、嘻哈音乐节等	切入年轻人的新酒饮生活方式
泡泡玛特	潮玩品牌	盲盒营销	社交平台的大规模自发种草和曝光	为年轻人制造了超越预期的惊喜感并形成上瘾的机制
元气森林	饮料品牌	无糖饮料	0 糖、0 脂、0 卡路里	健康爽：健康的心理慰藉，中甜的微爽口感，元气青年的认同

打广告 ≠ 做品牌

"如果领导批给我一大笔营销费用，我会全部拿去买流量，或者直接找博主或达人发帖。"某次交流中，一位来自新品牌的一线市场人员如是说。激烈的市场竞争必然伴随着对流量的争夺，新品牌们急于在流量红利消失前找到新的突破点，建立品牌影响力。

在新品牌取得瞩目战绩的同时，高昂的营销费用也不可忽视。2021年 3 月，完美日记母公司发布了纽交所上市后的首份财报，显示 2020年营收 52.3 亿元，销售及营销费用达 34.1 亿元，占总营收比超过 65%；2023 年上半年通过战略转型实现亏损收窄，但营销费用占比仍然高达61.6%，企业营收也较上年同期下降 11.87%。

对新品牌们而言，当面临由竞争白热化引发的焦虑甚至迷茫时，漂亮的传播数据无疑是极为管用的"安慰剂"。但是打广告同样不等于做品牌，广告只是品牌传播的一部分，而品牌传播只是品牌策略的一部分，甚至在缺乏品牌效应支撑的情况下，新品牌们的广告费用还将持续较高。一种典型情况是，行业里已经出现了"品牌为博主打工"的声音。新品牌们必须先定义好品牌内涵的方向，保证数字链路清楚，这样大规模的广告投放才有可能带来预期的效果。

再次强调，品牌与非品牌之间最深层次的差异在于价值观共鸣。在品牌思想史上，有人把品牌定义成一种标识（标识论），有人把品牌定义成一种独特形象（形象论），有人把品牌定义成一种心智占位（定位论），有人把品牌定义成一种关系（客户关系论）或者一种社群（品牌社群论）、一种资产（品牌资产论）。我们认为上述理论都非常重要，它们是品牌构成的部件，但不是衡量品牌与非品牌之间决定性差异的标尺。

这个"品牌"的定义要求非常高，中国绝大多数的商标或牌子可能觉得先活下去、跑起来，之后再慢慢思考"高大上"的品牌务虚也来得及，只要能选对赛道、做好产品、找好流量、追好热点，大部分企业都可以在中国巨大的市场里捞一桶金。正如那句"每一个传统行业，都值得用互联网重做一次"。近年来，新消费军团迅速壮大。线下新产品通过品类突破，线上新网红通过对"流量"与"平台"的纯熟应用，只用几年就走完了传统品牌 5 ~ 10 年甚至更长时间才能走完的发展道路，实现了销售额与公司价值的同步增长，也彻底打破了此前的赛道格局。Babycare 和蕉内直到 2014 年、2016 年才分别上线第一款产品，如今已成长为母婴和内衣赛道的头部品牌。

过去的流量时代无疑是增长红利时代，而增长红利的另一面是增长狂热。"不再考虑在广告呈现和创意玩法上消耗预算，而是直接投向渠道和人群"，这种现象其实并不罕见。对增长的惯性依赖，会催生营销上的"穷人思维"。在一味追求增长的狂热心态驱使下，企业持续耗费大量精力忙着追逐各种热点红利，而忽略了品牌核心竞争力的构建。

2022 年可谓是流量时代的分水岭，流量红利见顶，拉新成本高涨，同质竞争加剧，资本狂热退潮。有的企业长期陷入"穷人思维"的怪圈，增长必定陷入僵局，茫茫然不知往何处去。新消费时代对企业而言，意味着更丰富的需求与无限的机遇，但也警醒企业对原有的"做品牌"模式需要反思。以下这些问题在我们与企业家群体的交流中出现得越发频繁——品牌到底发生了什么变化？品牌是否还重要？品牌到底应该如何做？

02　品牌的力量

在各种新消费理念层出不穷的今天，我们依然要重视品牌的力量。品牌是一种精神，更是一个壁垒，也许它无法在短期内带来激增的销量，却是企业长期的护城河，是在所有短线流量工具拼完之后，真正决定企业基业长青的经久不衰的价值内核。在企业初创阶段，撞上一款爆品无异于手握增长彩券，但在真正厘清品牌内核和战略之后，产品才能成为品牌理念的载体，才能去打动更广泛的人群。而在持续开发基于相同理念产品的过程中，品牌本身就会被不断塑造和传播。

今天的消费者在购买产品时，很少出于纯物质的需求。切记，他们绝对不缺任何东西，更多的是 Me in the "We"——消费是为了自身的主体化表达和寻找圈层化归属。能给消费者带来认同和归属感的，是品牌能够提供的差异化产品、服务、理念和体验。

从纯面向普通用户服务（To C）的角度来说，做品牌绝对是一个长期主义工程。品牌之所以具备力量和价值，正是因为在其成长过程中，通过各种途径达成了与用户的亲密联结，并被赋予越来越多的联想和期待。消费者主权时代，供人们挑选的品牌、产品过剩，复制爆款的门槛越来越低，消费者在某一商品上停留的视线越发短促，于是在商品之外的品牌力量越发重要，而认知复利、关系认同、交易助推，就是品牌最重要的三重力量。

认知复利

1991 年，戴维·阿克提出了品牌资产五星模型，认为品牌资产是由品牌知名度、品牌认知度、品牌联想度、品牌忠诚度和其他品牌专有资产五部分所组成，每部分层层递进，品牌知名度决定了消费者对品牌的认知程度，关系到消费者产生联想的强度和获得体验的深度，最终经过长年累月的教育和反馈，建立起高度的品牌忠诚——重点在于长期和反复。

曾经，企业开拓品牌就是为了卖货给消费者，而卖货的本质是一个断点式的单次生意集合。大部分的消费者在交易完成后，短期内都不会再与品牌接触，除非出现了新一轮购买需求。产品和产品之间，除了流量互导，基本不存在协同效应，更无法传递品牌心智。试想你被某个爆款吸引光顾一家店铺，可能会顺带看看同店其他产品并下单，但很难在短暂的交易过程中了解店铺。到了新消费时代，做品牌成为一个有连续性的长线生意，围绕同一个心智不断地巩固和加强，"滚雪球"式地积累认知复利，推动用户可持续地贡献收益，做到对消费者终身价值的发掘和陪伴。

花西子创始之初就提出"东方彩妆"的品牌理念，精准踩中新消费和国潮两大爆点，无论是"玉女桃花轻蜜粉""洛花飞霞胭脂腮红"等产品的命名还是传统色彩浓厚的产品包装，都完全立足于这一理念，在此基础上的每一次上新，都成为对品牌理念的再次传播。喜茶也是如此，为什么一个茶饮品牌要自研草莓品种、自建高山茶园？这些和门店采用现剥现榨的工艺、"不满意重做"的承诺形成合力，在消费者心中强化了最核心的"好喝"理念。在这个看似费劲的过程中，喜茶铸就了自己差异化的品牌护城河，并通过这些独特优势与竞品拉开差距。当人们想喝一杯高品质的、好喝的饮品时，喜茶往往成为首选。

关系认同

品牌不仅仅是理性化的说服，更是人性化的认同。营销大师特德·莱维特曾说："顾客真正购买的不是商品，而是解决问题的办法。"在选择有限的年代，面对顾客，品牌只需要提供解决办法即可。迈入富足年代后，每一种"办法"都能作为一条独立赛道，能提供解决办法的品牌太多了，心理和情感上的满足成为顾客的深层诉求。

这就轮到品牌发挥关系认同的作用。经典营销理论认为，品牌有两大核心价值——质量保证与人格认同，前者重视产品的功能属性，后者则是用户通过选择品牌完成了对个人情感的投射——比如文艺青年和民谣爱好者在选择音乐应用时，大多数会选择网易云音乐。同理，迪士尼意味着高质量的游乐体验，海底捞提供无微不至的超级服务，无印良品的受众是认可"反品牌"观念的人群……这些品牌具备独特的理念和体验，它们吸引核心消费者的过程，也是筛选人群、建立起紧密关系认同的过程。

凭借关系认同，品牌能够日渐占据消费者的心智，成为后者需要帮助时的首选方案（另一种说法是至爱品牌），所以我们能够理解，为什么人会成为某个品牌的信徒，甚至产生"逢出必买"的行为。正如萨奇广告公司（Saatchi & Saatchi）全球 CEO 凯文·罗伯茨所说："若是一般品牌被夺走，人们会找到别的牌子取而代之，而若是至爱品牌被夺走，人们就会抗议。"与此相对，一旦品牌背离初心、丧失原有理念和主张，原有的关系认同也会随之瓦解。

交易助推

品牌与消费者之间的信任建立，是一个双向的过程：通过贯彻核心理念、产出高质量产品以及调动营销公关等手段，品牌逐步成形且越发展现得"可信赖"；消费者接收到品牌传递出的信息，通过购买和体验证实，进一步加深对品牌的信任，从而减少后续面对同样需求的决策时间。品牌带来的信任感，助推消费者形成决策捷径，降低交易成本。

在超市里面对熟悉品牌和陌生品牌时，人们选择的多半是前者，尤其是时间紧张的情况下。从陌生到熟悉的过程需要付出成本，当面对熟悉品牌时，人们会自觉调动已有认知，在此基础上主动处理广告中的新信息，整个唤醒过程较为容易。而在面对陌生品牌时，消费者相当于从零开始接收信息，处理和唤醒难度相对增加。许多新消费品牌在初始宣传时热衷打出"平替"的旗号，本质正是希望借经典品牌已经建立起的信任感为自己背书。

《2022 年爱德曼信任晴雨表特别报告：新的影响级》[一]的一组数据显示：Z 世代[二]更愿意为赢得他们信任和改善世界的品牌支付溢价，近三

[一] 2022 Edelman Trust Barometer Special Report: The New Cascade of Influence，https://www.edelman.com/trust/2022-trust-barometer/special-report-new-cascade-of-influence.

[二] Z 世代，也称为"网生代""互联网世代""二次元世代""数媒土著"，通常是指1995 ～ 2009 年出生的一代人，他们一出生就与网络信息时代无缝对接，受数字信息技术、即时通信设备、智能手机产品等影响比较大。

分之二的受访者表明，他们会根据自己的价值观选择品牌。与此相对，59% 的受访者认为如果他们不信任某个母公司，将不再购买旗下品牌。显然，信任已经成为左右消费者购买行为的关键因素。

认知复利、关系认同、交易助推，这些力量背后反映出的实质，是经历了近几年的成长爆发期后，企业与流量、用户间的关系正在发生重构——在红利翻涌的时候，企业全力押宝增长把盘子做大，但很多时候忽略了品牌资产的沉淀。从长线来看，企业和用户间唯有建立长期的认同，才能经营好长久的生意。尤其在流量红利逐渐趋于平缓时，精细化的品牌培育成为企业赢得更多高质量用户的关键。

在剧烈的变动之中，品牌的力量才更显重要，完整的品牌塑造体系才更有价值。从企业到产品都迫切需要品牌作为稳固基业、安身立命的根本，但我们也必须意识到，没有对品牌的正确认知，就不可能清楚理解中国的品牌市场，更不可能打造出完全属于本土的品牌。

品牌塑造，知易行难。关于如何做品牌，业内已经充满了各种方法论：产品为王，品类称霸，品牌纵横；效果营销大行其道，品牌建设应注重长期共情；创意派和技术派各执一词……然而，最关键的问题在于，不同的人对做品牌有着不同的理解，往往侧重于品牌外延（传播交易），而忽视了真正的品牌内涵。

立足当下的营销环境，直面时代红利与增长瓶颈间的种种矛盾，同时放眼企业的长线存续，以及在今天数字化作为基础设施重构消费者关系的背景下，企业业务层面需要一套新兴的品牌建设理论，去融合传统与数字、利益与价值观、品牌人文内核与新营销科技，于是品牌双螺旋诞生。按照菲利普·科特勒的理论，品牌是可以层级化的，包括产品品牌、业务品牌和公司品牌，前两者以市场竞争与消费者价值创造为核心，后者以形成公司势能与价值管理为核心，目标和手段都有较大差异。品牌双螺旋主要应用在前两者上，同时从品牌创立类型的另一种划分维度，将品牌分为 B2B 品牌、B2C 品牌、B2B2C（要素）品牌，我们的品牌双螺旋将使用范围更多地锁定在 B2C 品牌之上，但此方法论对 B2B 品牌亦有启示。

03 已有的品牌建设理论

在谈论本书的核心品牌双螺旋之前，我们想先用一节内容，以时间流变为序，对多年来流行于市场、有较大影响力的品牌建设理论做一个简要梳理。卢泰宏教授已在《品牌思想简史》一书中进行过系统的学术性梳理，我们这里仅盘点部分影响业界的重大理论。

USP 理论

USP 即"独特的销售主张"（Unique Selling Proposition），其诞生要追溯到 20 世纪 50 年代初。从事广告文案的罗瑟·瑞夫斯认为，企业应声明独特的销售主张，向消费者声明产品的独特性并以此推动产品的销售。该理论包含三条原则：第一，每一条广告都要向消费者传递主张，要清晰表达利益点；第二，提出的主张必须是竞争对手不具备或未曾提出的；第三，这个主张要足够有力，让人印象深刻以拉动销售。罗瑟·瑞夫斯本人就曾为玛氏公司的 M&M's 巧克力豆写下经典文案"只溶在口，不溶在手"，效果极佳，被沿用 40 余年。USP 理论首先提出了

⊖ 本书已由机械工业出版社出版。

对品牌主张的设想和要求，这些主张最终累积为品牌在消费者心中的整体形象。USP 理论诞生于品牌还未大规模兴起的时代，彼时第二次世界大战刚刚结束不久，商业重新兴起，这个时代企业以销售为导向，企业需要告诉受众自己产品的不同之处，其背后的好处是什么，其解决的问题又是什么。我们可以看出，这种品牌建设理论比较偏向于产品推广，强调卖点，而品牌的厚度、深度以及温度尚未打开。

品牌形象

按照卢泰宏教授的考证，品牌形象的概念实质最先由学术界的加德纳（B.B.Gardner）和列维（S.J.Levy）提出，他们在 1955 年将产品与品牌从概念上区分开来，提出品牌的形象以及符号对于消费者具有特殊意义。两位学者的文章直接影响了奥美创始人奥格威，奥格威极度拥护品牌形象的理念，并将其广泛运用于品牌实践中。而在几乎同期的 1957年，李奥贝纳公司副总裁泰勒（W.D.Tyler）在《营销学报》（*Journal of Marketing*）上提出了广告应该塑造出超越产品卖点的形象。

品牌形象论从情感层面进一步完善了品牌建设理论：其一，随着产品同质化的加强，消费者对品牌理性层面的辨别力减弱；其二，人们同时追求功能及情感利益，广告应着重赋予品牌更多感性表达；其三，任何一则广告，都是对品牌形象的长期投资。通过情感层面的沟通，企业最终达成与用户的深度联结，凝结出强有力的价值认同。百事可乐跟可口可乐产品的区别不大，却以年轻的挑战者品牌形象突出重围。品牌形象论表明在产品差异化不大的情况下，品牌建设进入情感价值的创造，品牌以独特的拟人化特质获得目标消费者的青睐。但是品牌形象理论并非没有阿喀琉斯之踵——在企业实践的应用端，不断有品牌创造出新的形象主体，但消费者感知性越来越弱，形象是否可以扮演消费者差异选择的驱动要素开始受到质疑。

定位理论

影响巨大的定位理论实际上是把消费者品牌选择的逻辑按钮作为品牌的操作点。定位理论是艾·里斯和杰克·特劳特于 1969 年提出的营销理论，它的核心思想是在顾客心智中，针对竞争对手确定最具优势的位置，赢得消费者的优先选择，使品牌胜出竞争。1979 年，里斯和杰克·特劳特合著的《广告攻心战略：品牌定位》出版。在这本书中，二人系统论述了品牌定位理论，认为"营销真正的战场在客户的大脑里"，当产品越发同质化、相似化时，企业营销成败的关键是从传播对象，即从消费者的角度出发，由外向内使产品和品牌成功抢占消费者心智，创造在消费者心中的差异化角色，由此获取消费者认同并有效拉动销售。21 世纪初，里斯推出一本书叫《品牌的起源：品牌定位体系的巅峰之作》[⊖]，当中提出一个很重要的概念——品牌起源于分化，分化可以诞生新品类，品类是隐藏在品牌选择背后的真相，这就是后来的品类战略，可以算是定位的系统升级。

"定位"是品牌中一个很重要的元素，尤其定位相关理念中谈到的要牢牢占据一个品类，品类占领是定位的精髓。以 ThinkPad 为例，自 1992 年首款产品上市以来，它在很长一段时间内都定位为"商务笔记本的第一选择"，ThinkPad 也确实一度成为品类代名词，但是这个品类定位后来却被它主动丢掉了，苹果、微软 Surface 则不断蚕食这个市场。

⊖ 本书中文版已由机械工业出版社出版。

然而，在一次与菲利普·科特勒围炉夜话的时候，科特勒评述"品牌远不止定位"[⊖]。为什么这样说？因为光是形成品类还不够，定位品类并不是品牌建设的终结，最多算是开始。通俗表达就是：定位是解决如何有效到达消费者的认知，但它不解决产品或者品牌能否造成消费者购买偏好的问题，而品牌某种意义上是要让消费者形成偏好和共鸣。所以就有可能出现很尴尬的一件事情——在你不断宣传某品牌是某某品类第一之后，消费者接收到了这些信息，但可能根本打动不了他们。

整合营销传播

唐·舒尔茨被誉为"整合营销传播之父"，他从营销传播的维度为品牌操作添砖加瓦，其理论在实践领域的影响远远大于学术圈。1992年，《整合营销沟通》出版，合著者之一是后来提出用 4Cs[⊜]替代 4Ps[⊜]的罗伯特·劳特伯恩（Robert F.Lauterborn）。整合营销传播一方面把广告、促销、公关、直销、企业形象识别系统、包装、新闻媒体等一切传播活动都涵盖到营销活动的范围之内，另一方面使企业能够将统一的传播资讯传达给消费者。所以，整合营销传播也被称为"用一个声音说话"（Speak with One Voice），即营销传播的一元化策略。整合营销传播的核心是以统一的目标和统一的传播形象，传递一致的产品信息，实现品牌与消费者的双向沟通，迅速确立产品品牌在消费者心目中的地位，让产品品牌与消费者建立长期密切的关系，更有效地达到广告传播和产品行销的目的。在信息碎片化、渠道分散化的时代，整合营销传播能够让每

○　原文为"Branding is far more than positioning"。
◎　4Cs 是消费者（Customer）、成本（Cost）、便利（Convenience）、沟通（Communication）。
⑤　4Ps 是产品（Product）、价格（Price）、渠道（Place）、促销（Promotion）。

个营销渠道互相关联促进，达到"1+1>2"的强化效果。

正如 USP、品牌形象与定位理论一样，每种理论的提出都有其特殊的背景。整合营销传播建立在市场权力重心的变化和信息的多元化之上，"营销即传播"在实务界一度广为流传，但存在的弊病是拉低了营销和品牌的战略视野。同时，整合营销传播理论也在数字化时代迎来了全新挑战。首先，在数字化时代一切触点皆可作为媒介，但是又存在碎片化的特质，整合起来相当困难；其次，线上和线下形成了新的消费者决策链路，每个触点应该在影响消费者决策方面逐次推进，speak with one voice 变得不再有效，数字链路开始替代整合营销传播。

品牌资产

从 20 世纪 90 年代初开始，戴维·阿克先后写下"品牌三部曲"（即《管理品牌资产》《创建强势品牌》和《品牌领导》），书中最重要的就是首度提出品牌资产的概念，他对品牌资产的定义是品牌的名字与象征相联系的资产或负债的集合，它能够使通过产品或服务所提供给消费者的价值增加（或减少）。阿克还提出了品牌资产五星模型，即品牌知名度、品牌认知度、品牌忠诚度、品牌联想和其他品牌资产，这些指标通过多种方式同时向企业本身和消费者群体提供价值。

戴维·阿克把品牌带入了战略时代，然而在实践过程中，我们会发现品牌资产对于操盘的意义更多来自指标的检测与品牌的阶段性回顾。五大维度内在逻辑尚未自洽，而一些新的维度在今天可能对于品牌更为重要，比如品牌所体现出的激情。在理论界 C.W. 帕克在《品牌崇拜》中提出"赋意品牌"，在业界可口可乐前全球营销副总裁哈维尔·桑切斯·拉米拉斯提出"情感驱动"，这些都对品牌资产的强度和维度做出了有效的能够指导企业实践的补充。

其他理论

除了上述重要的品牌建设理论之外，在学术界和业界同时较有影响力的还有体验性品牌管理——专门论述产品经济、服务经济之后的体验时代品牌如何建立，包括在体验经济之下所提出的"感官品牌"（Brand Sense）塑造，以及品牌接触点管理（Brand Touchpoint Management）、真实瞬间（Moment of Truths）的品牌操作方法。随着数字化经济在 21 世纪不断兴起，与之相适应的品牌建设方法也不断提出，包括品牌的平台化、品牌的生态化、社群型品牌、品牌中的客户参与、社交媒体下品牌的传播方式等，都在业界起到了重大影响，这里不一一赘述。

最后我们想补充的是，这些影响业界的品牌建设理论与操作方法，都有其诞生的时代背景，撇除背景简单套用则会出现问题，比如 USP 在今天做产品层面的营销依然有可用之处，但是上升到品牌层面则缺少更丰富的内涵。感官品牌的建设方法，即通过视觉、听觉、味觉、触觉和嗅觉来塑造品牌，其最适用的领域是以体验驱动的品牌，比如酒店、主题乐园以及旅游景区等。

在这些背景背后的时代特质更值得关注。过去 60 年，市场营销已经走过了三个时代：第一个是需求大于供给的"工业化时代"，普遍供大于求的情况，渠道塑造厂牌、叠加独特销售卖点即可；第二个是大需求、大供给组成的"后工业化时代"，这个时代下供大于求，因此市场细分、目标市场选择、定位成为关键；第三个是如今的"丰饶经济时代"，供给远远大于需求，消费者的时间份额、胃部份额、钱包份额、时空序列都是有限的，而企业的供给在诸多产业趋向无限。以新消费领域为例，酸奶这个品类，线上线下强调利益差异、形象差异的产品远超10万种，如何将产品更深层次地差异化、更有效地将价值差异传递给消费者形成共鸣成为关键。

换一个维度看，过去这些操作方法不是在迭代，而是一种相互融合的关系。这正如明茨伯格在其著作《战略历程》[⊖]中所打的比方："我们对战略形成的认识就如同盲人摸象，没有人具有审视整个大象的眼光，每个人都只是紧紧抓住战略形成过程的一个局部，而对其他难以触及的部分一无所知。"品牌形象、品牌个性重要，但不等于一个业务能缺失独特的销售卖点，定位理论所构建的品类选择逻辑重要，但不等于消费者没有情感偏好和价值观偏好，所以对于这些理论如今需要重新依据实践融会贯通。

04　开启品牌双螺旋

除了以上种种品牌建设理论之外，今天在营销领域，亦存在着两个对立的阵营：广告人热衷的"创意派"和提倡效果营销的"技术流"。如果我们回归"以人为本"的营销本质，早在20世纪60年代，神经生理学家保罗·麦克莱恩就曾提出"三重脑"假说，认为根据动物发展进化的顺序，人其实有三个大脑：爬行动物脑（"反射性"）、古哺乳动物脑（"情感"）和新哺乳动物脑（"理性"），三位一体。这就决定了成功的市场营销必须由情感驱动和数智赋能联合推动。

秉承人文感性和科学理性相融合的理念，本书提出了全新的品牌双

　　⊖　本书中文版已由机械工业出版社出版。

螺旋理论，我们将生物学中的 DNA 双螺旋形态引入品牌操作。我们认为，这个形态正好反映了品牌的智与情、理性与感性、人文与科技的有效融合，依据双螺旋的结构，品牌的操作方法能在新时代做出一个新的系统，这样既回归到我们在前文所定义的高层面的品牌本质，又落地到实践运作中的品牌问题。

市场营销学脱胎于经济学与行为学，这两者正好是理性与感性交融的产物。品牌既需要大创意（Big Idea），也需要对消费者决策路径的理性研究。缺乏感性的召唤，品牌会失去魅力，正如缺乏乔布斯精神的苹果不过是冷冰冰的物件与机器；缺乏理性，品牌就变成"企业艺术家"自我的话语与图腾，不能转化为消费者购买。今天我们翻阅过去 50 年业界关于品牌的著作，要么洋溢着大创意式的火的热情——大多数来自充满艺术色彩的广告界或传播公司，比如大卫·奥格威和奥美（奥美之红色）；要么沉淀着理性的光芒，如定位之父里斯的观点——将品牌定义成品类之首选，瓦解掉品牌形象的意义。然而正如《尚书·虞书·大禹谟》中讲到的"惟精惟一，允执厥中"，中道需要相互融合——理性和感性交织，科学与人性融会，才能真正解释品牌、帮助企业建立品牌。

科特勒曾明确提出"市场营销是科学和艺术的结合，探索、创造、传递价值，为一个特定市场产生利润"[⊖]。可口可乐在 21 世纪初也由此建立品牌 DNA 理论，从不同层次指导全球品牌业务增长。可口可乐的品牌 DNA 理论包括五大层面——商业增长战略、品牌角色/组合战略、品牌战略、品牌计划以及营销执行，然而我们亦需要针对数字时代的特质进行升级。另外，与大多数新品牌不同的是，可口可乐是一个百年经

⊖ 原文为" Marketing is the science and art of exploring, creating, and delivering value to satisfy the needs of a target market at a profit"。

典品牌，品牌维护、升级与增长是它的主题，对大多数品牌而言，需要经过一个从需求到产品，到品牌实现，再到品牌传播管理的过程，所以本书两位作者引申出品牌双螺旋理论。

品牌双螺旋理论系统地梳理了品牌的五个层面：数字化时代品牌塑造必须由价值观引领，智、情驱动，在使命初心、用户满足、市场破局、品牌升维、全域链路五大层面步步为营，这样的阴阳和合共同构成了品牌的长期价值和商业 DNA。正如科特勒在《营销革命 5.0》中形容的那样："应用更智慧的营销科技提升整个顾客旅程的价值创造。"

作为企业的领导者、品牌的建设者，须知应当适时从品牌双螺旋的以下五个层面塑造或重塑品牌，构建核心竞争力，促成业务新增长。

第一层面是使命初心。这是品牌双螺旋的顶层要素，也是品牌的定调势能点。品牌起始于一个价值承诺，使命初心存在的意义就是确立品牌明确的"价值理念"，明确划清企业行为准则，即"什么可以做，什么不可以做"。它自带强大能量，也可以释放或者转化为其他形式的能量，帮助品牌建立一套完整的客户价值创造体系，引领企业取得独特的竞争地位。最重要的是，使命初心能够决定一家企业能否真正成为穿越周期与不确定性的领导企业。我们尤其要指出的是，使命初心是整个品牌双螺旋的起始点，我们没有见过哪个使命缺失、仅以业务与利润增长驱动的品牌可以基业长青乃至伟大。**使命初心是品牌存在的深层意义，亦是企业和品牌存在的终极原因。**

第二层面是用户满足。我们将其定义为品牌成长的破局点。从这一层面开始，品牌双螺旋的每一个环节，都呈现出一种并列式的结构，即由智、情共同驱动品牌成长。在这一层面，我们将从人性切入，围绕需求洞察和赛道容量两端，需求是一切营销与品牌的源头，而今天需求所决定（而非行业所决定）的赛道判断，决定了企业选择进入的市场。本章本质上是在阐述如何构建用户满足的选择区。之所以把用户满足放在第二层面，是因为再伟大的使命也必须转为用户价值才能落地，所以企业要从需求出发，并识别出此需求背后赛道的机会大小，以此进行取舍。

第三层面是市场破局。直到这一层面，企业才真正能确定品牌和产品的方向。在上一层赛道容量满足的前提下，我们要再回到心智层面去看品牌是否拥有机会，然后在此基础上去设计产品，这就是市场破局的双螺旋：心智占领和产品设计。前者从微观窥见消费者的心智中是否还有余地植入品牌，以及帮助品牌重新定义需求满足的位置点。不同于原有的定位理论的品类第一性，我们这里是要建立"场景—任务型"的心智第一性（Top of Mind）。在心智占领之后，我们再将其转换为产品设计，完成"需求—品类—产品"的闭环。

第四层面是品牌升维。品牌维度和结构体系是新登场的又一组要点，前者是情层面的内在价值，后者是智层面的理性逻辑。我们将先从情上细述如何塑造品牌，再从智上说清品牌的内部结构体系和组合。二者叠加，帮助新品牌们完成从价格导向到价值观引领的升维突破，真正构建有价值的品牌。在情维度，我们提出了新品牌五度，以区分我们在前文提出的白牌、厂牌、名牌以及品牌，新品牌五度包括价值高度、人设温度、场景强度、关系厚度和记忆深度。而在市场实践中，一家企业的业务往往不是由单一品牌构成的，于是理性逻辑上我们面临品牌体系的选择与优化——比如需要多少个品牌，新品牌与原有品牌处于何种关系，不同品牌在市场战略下扮演何种角色，这都是智维度的结构体系需要回答的问题。

第五层面是全域链路。这是我们触达用户的"最后一公里"。历经使命初心的底层建设、用户满足的需求探索、市场破局的价值判断与品牌升维的情感化塑造，最终要做的就是通过整合链路直接触发购买按钮。内容播传和链路贯通是本章出现的双螺旋。前者是情层面的内容制造，后者是智层面的理性逻辑。链路是数字时代品牌落地的新逻辑，如果说整合营销传播是为了占据用户心智，那链路就是要直接影响到数字时代用户的决策与行为。我们也将按照这一线索展开，分别阐述如何达成链路贯通和内容播传，最后讨论二者之间有效联结的渠道，终极目的就是打造营销动能点，促进用户消费决策。

以上五个层面共同组成品牌双螺旋，每一层面都分别对应一个品牌塑造过程中的核心问题。使命初心研究的是品牌因何而存在，这是从精神层面树立品牌的共同信仰；从用户满足开始解决实际问题，旨在说明如何捕捉用户需求，选择需求赛道，面对需求做判断：要不要做、值不值得做；市场破局的重点是抓住心智上建立品牌的机会，去建立"场景—任务型"的心智第一性，以及将心智机会转换为产品设计；品牌升维切入了又一个关键问题——今天我们怎样做品牌能上升到价值观维度，让品牌成为用户挚爱；最后整合全域链路，针对如何让用户购买和形成品牌交易。纵观整个品牌双螺旋结构，我们可以看到一条清晰的品牌成长道路。

伯明翰大学品牌营销中心主任莱斯利·德·彻纳东尼（Leslie De Chernatony）曾经在学术文献回顾以及遍览顶级品牌咨询公司的方法论后，发现关于品牌的理论有多样性的特质。为了归纳，他将其分为三类——输入视角、输出视角以及时间视角。输入视角强调企业指挥资源以影响用户，比如品牌的标识、定位、个性、附加价值等；输出视角立足用户对品牌所产生的感受，比如品牌印象、关系等；时间视角则是从品牌演进的维度进入，看到品牌形成与演化的过程。在最后的总结中，莱斯利·德·彻纳东尼写道："如果一个品牌仅输入观点或输出观点，缺乏演化的逻辑，那么企业将得到一个不平衡的品牌战略。"而本书的品牌双螺旋试图把这三层视角融会贯通。

品牌之所以能在螺旋框架下实现智与情的完美融合，离不开今天数字化的大时代背景。科学讲究对客观事物和规律进行刻画，艺术则强调氛围、情感和文化价值观，而如今品牌营销在数字时代的行为比特化使得情感可以追踪，以前品牌界流行的 Big Idea 如今可以与大数据（Big Data）结合，帮助企业进行品牌决策。这是时代迁移过程中给品牌操盘者最大的机会，这正如法国文学家福楼拜所言——越往前走，艺术越科学化，同时科学也要艺术化，正如两人在山脚下分手，又在山顶上会合。

品牌双螺旋想建立的是"真品牌"的操作方法，这些方法在两位作者从事的品牌操盘和咨询实践中都有深度触及。真品牌建立的不仅仅是品牌的心智优势，更是情感与偏好的驱动；不是单项的利益点提供，而是场景任务的满足；不是粗暴的饱和性攻击，而是以消费者行为与基础的决策链路影响。真品牌不是打造爆品，不是靠流量做网红品牌与"潮品"，亦不是广告轰炸出的"遥遥领先""行业领导者"概念，而是品牌价值和价值观与消费者的深度共鸣。真品牌是可以穿越时间周期的品牌，具备品牌的人性、人格与人文精神。

在接下来的章节中，我们将初心与终局融合、理论和案例结合，为所有愿意投身品牌建设的营销人描绘一幅战略全景图，再结合实战案例全面解构这一全新理论。值得注意的是，对处于不同发展阶段、催生不同成长需求的品牌，应用品牌双螺旋都将有所增益：对长青品牌而言，品牌双螺旋强调以人为本，助力企业重塑新时代的需求赛道和营销链路；对传统品牌而言，品牌双螺旋将启发如何重新学习，思考顶层设计，建立品牌价值，学习链路打法；对新兴品牌而言，这套体系将详细拆解如何通过初心驱动，以消费者行为为核心，理解品牌蓝图，梳理品牌体系，最终筑造可持续的品牌护城河。我们由衷希望在这个消费者主权、品牌加权的时代，品牌双螺旋能够帮助广大企业家、创业者和营销人走向"真品牌""好品牌"的基业长青之途，这也是数字新时代给予两位作者的机遇与责任。

｜本章小结｜

▶ 品牌毫无疑问已纳入企业高层的管理方向和关键决策安排，亦成为诸多企业竞争优势的重要输入。然而在今天中国企业面临"品牌燥热症"的情境下，随处可见的是有关品牌的误区。

▶ 品牌建设应该是在完成"心理脱贫"后才能进入的更高阶段。不讲长期主义，忽视对基业长青路径的探索，品牌建设就只是空谈。

▶ 当下中国很多企业存在的明显误区，就是把品牌的诸多表象当成了它的实质。商标不等于品牌，市场上的白牌、厂牌、名牌也不等于品牌，甚至认知度、美誉度也不等于品牌。

▶ 品牌本质是品牌拥有者的产品、服务或者其他优于竞争对手的优势能为目标受众带去高于竞争对手能提供的溢值，以形成从价值到价值观层面上的差异化优势。

▶ 有差异化的首选心智是基础，想要真正实现品牌飞跃得靠知名度之上、差异之上的价值观共鸣，这是顶层差异。

▶ 认知复利、关系认同、交易助推，是品牌最重要的三重作用。

▶ 如果一个品牌仅输入观点或输出观点，同时缺乏演化的逻辑，那么企业将得到一个不平衡的品牌战略。品牌双螺旋试图把输入视角、输出视角以及时间视角这三层视角融会贯通。品牌双螺旋通过智、情结合，经由使命初心、用户满足、市场破局、品牌升维与全域链路五个层面，形成新时代的品牌思维与方法论。

第 2 章

使命初心

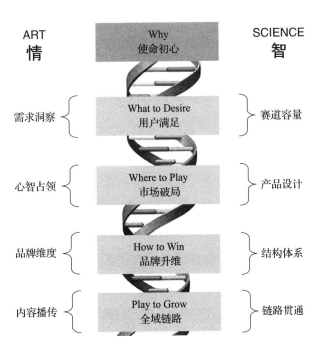

第 1 章中我们已经初步勾勒出品牌双螺旋的理论框架：价值观引领，智情双螺旋驱动，五个层面（Why—What to Desire—Where to Play—How to Win—Play to Grow）步步为营，依次进阶。这一章所要探讨的核心，正是顶层要素 Why，也就是品牌的使命初心，这是企业或品牌为何而存在的根本与基石，是指引企业看得更高、走得更远，实现基业长青的启明星。使命初心必须能用来清楚解释，你的企业和品牌存在的终极原因是什么。

为什么把使命初心放在品牌双螺旋的起始点？如果说狭义的营销战役解决的是季度问题，经营计划表述的是年度问题，战略规划刻画的是 3～5 年的问题，那么品牌在时间上则更具备超越性。一个品牌内核不断调整的企业面临的将是市场灾难，伟大的品牌都是时间函数下的孵化结果。耐克从提出品牌内核（Just Do It）至今已超越半个世纪；宾利创办人早年是以在第一次世界大战中制造供应皇家空军飞机引擎而闻名，而 1919 年其在英格兰创立宾利的初心是"要造一台快的车，好的车，同级别中最出类拔萃的车"[⊖]，而这个信仰至今已坚持百年。不同于经营计划甚至是战略规划，品牌内核中往往注入的是企业家和创始人的激情、价值观，苹果具备的"改变世界"的颠覆式创新特质，亦来自乔布斯建立企业的初心——改变世界。使命初心是品牌存在的深层意义，亦是企业和品牌存在的终极原因。

在过去的品牌理论中，往往以定位、品牌形象和整合营销传播，乃至数字时代的消费者旅程（Customer Journey）优先，偏向于消费者的行为决策，这些理论极少触及企业和企业家内心的激情因素，或者叫内

　　⊖　原文为"To build a fast car, a good car, the best in its class"。

在因素。而在企业实践与咨询中，我们发现所有伟大的品牌背后都有一个品牌的载道者，品牌是他们"借假修正""借事修人"的道场，这种品牌有一种内在的张力，亦是其形成品牌魅力的根源所在。当然，这不等于说品牌中的理性结构不重要，品牌双螺旋中，我们会有 What to Desire—Where to Play—How to Win—Play to Grow 四个层面涉及这些内容。而这里，我们把 Why，也就是使命初心放在起始点，因为我们意识到它是品牌的真正势能所在，也是一个品牌能不断穿越不确定性、坚持长期主义的底牌，亦是区别于厂牌、名牌和产品心智定位的根本。

正如我们在前文所言，定位触及的是消费者心智的选择，而这仅仅构成消费者行为中的选择逻辑或部分购买理由，但是这并没有达到品牌中的"势能点"，亦没有达到品牌对于消费者的意义与精神之所在，仅仅实现了品牌对消费者低维的"一箭穿脑"，远未达到品牌与消费者实现共鸣的"一箭穿心"。而品牌对于消费者的意义与精神，并不来自企业所设置的独特卖点，亦不是品牌定位的差异，而根本上来自"赋理念以发生"的那个主体，即企业家究竟为何设立这个品牌、这个企业的品牌为什么存在，以及这种意义是否能形成消费者的共鸣。所谓使命，是本能驱使的责任。所谓初心，即最初的心意。不忘初心，方得始终，这是一个长青品牌与网红名牌之间最根本的断层线。关于这一点，最早提出"品牌形象"概念的学者之一列维教授也有相关表述。列维教授在2012 年通过文献溯源，用希腊神话做比喻，把品牌化过程刻画为"火—点燃—赋予内在精神"。列维教授说，品牌化的源头是"火"和"燃烧"，核心本质在于精神的激活，将品牌价值注入内心。

在今天厂牌、名牌、所谓网红品牌满天飞的时代，真正追求基业长青的品牌，首先需要反思的是自己是不是强于战术，而弱于本心中的意义？是不是过于追求"做什么"，而很少去思考"为什么"？我们可以试想——如果苹果缺乏"非同凡想"（Think Different）的那种激情，它带给你的不过是更好的科技感，还会有多少消费者产生共鸣？如果迪士尼丢失了"点亮心中奇梦"的初心，它不过只是一个繁华的游乐园，还有多少消费者向往？同样地，如果可口可乐去掉带领"全球人们的身体思想及精神更怡神畅快……不断激励人们保持乐观向上"的能量，它不过是一杯糖水罢了。使命，真正的使命源于企业和企业家的激情，也是品牌与消费者共鸣的基础。越是在不确定的时代，使命初心的确定性意义就越大。今天商业模式的确在发生很大的变化，但是企业要抓住不变的要素，即以人为本和洞察人性，也就是商业本身的意义所在，使命初心给予了品牌诞生与生长的意义。

01　使命初心是品牌的定调势能点

品牌起始于一个价值承诺。使命初心存在的意义，就是确立品牌明确的"价值理念"，明确划清企业行为准则——"什么可以做，什么不可以做"。我们将使命初心定义为品牌的定调势能点——既自带强大能量，又可释放或者转化为其他形式的能量，帮助品牌建立一套完整的客户价值创造体系，引领企业取得独特的竞争地位。最重要的是，它能够决定一家企业能否真正感召消费者。品牌不是终端叠加后的符号彰显，不是流量与媒体加持后的重复洗脑，是先有"品"，即使命初心凸显后的品格意义，再有"牌"，这是消费者有了认知与偏好后的选择阶梯。

品牌中注入这种使命初心的能量，该过程就是美国南加州大学马歇尔商学院市场营销教授 C.W. 帕克所提出的"赋意品牌"。C.W. 帕克提出，拥有一个创新型的产品（有强有力卖点的产品、占领某品类第一的产品、具备杀手级应用的产品……）只能部分帮助企业在一段时间的竞争中获胜。品牌的竞争并不在纯粹的经济层面，而在于消费者通过品牌获取或使用该品牌产品而获得的需要、需求和目标的满足。C.W. 帕克把高势能品牌的价值表述为：赋能利益＋赋情利益＋赋意利益。赋能利益指的是品牌给予消费者的解决方案使得消费者获得能力；赋情利益指的是打动消费者的感官与感情，提供情感附加值；而赋意利益指的是品牌给予消费者的人生意义、存在感与归属感。

赋意和品牌双螺旋理论中的使命初心是一体两面。所谓"一体"，是我们都意识到今天品牌需要注入强大的意义感，这是构建品牌定位或者品类选择后的另一座高山，也是品牌存在溢价或者强大引力的根源。所谓"两面"，C.W. 帕克的赋意品牌描述的是这种品牌外显的结果——比如耐克品牌口号中的"Just Do It"，品牌行为中聘请世界上知名的运动员（如迈克尔·乔丹、塞雷娜·威廉姆斯等）来代言，鼓励消费者感受运动精神的伟大，实现卓越的可能。而品牌双螺旋中，更多挖掘的是这种意义感存在的原因，这种原因来自企业本身存在的意义。我们甚至认为，只有真正拥有使命初心的企业，才能创造出品牌意义感。我们与C.W. 帕克观点的区别在于，我们将意义感作为品牌的起始点所在，而不是品牌构成的平行部件。换句话来讲，没有使命初心作为源头，企业可能做出一堆厂牌和名牌（正如我们在大量媒体中看到的），但不可能诞生卓越而令人崇敬的品牌。

回想 20 世纪 90 年代初入外企时，本书作者之一鲁秀琼曾疑惑：为什么有些跨国企业要花数百万、千万甚至上亿元的资金，满世界发起或赞助公益项目？废旧物品回收，保护江豚和北极熊，帮助贫困地区净化水源……这些事情和产品销售有何关系？拥有了 25 年全球工作经验后，鲁秀琼深深体会到使命初心带来的激励、品牌长期主义的价值。这种深度价值是深入品牌的 DNA、员工的行为准则、消费者的热爱的，总是在最艰难的时候引领企业。

相信很多人也会有类似的问题。诚然，企业要赚钱、创造经济价值是毋庸置疑的，但仅仅把自己定义在经济层面，止步于思考赛道和产品，很难走得更远。在这些实际的东西之外，企业更应该找到其存在的深层价值。这份深层价值，能让企业的发展不致陷入迷茫。

使命初心为 Honest Tea 明确方向

1998 年，有机茶饮品牌 Honest Tea（诚实茶）诞生于美国马里兰州，仅用 4 年就达成 1000 万美元营收，连美国前总统奥巴马也成为其拥趸。2008 年，Honest Tea 被可口可乐以 4700 万美元购入 40% 的股份，并在 2011 年被完全收购。短短 10 余年，Honest Tea 为何能从竞争激烈的饮料市场中脱颖而出？早在创始之初，它的使命初心就已为日后的成功奠定了基础。

Honest Tea 的创始人是耶鲁大学管理学院教授拜瑞·内勒巴夫（Barry J. Nalebuff）和他的学生塞斯·戈德曼（Seth Goldman）。前者的《策略性思考》《合作竞争》几乎是经管人士的必读之作。1997 年 9 月的一天，塞斯和朋友在纽约中央公园跑步，运动结束后，他们想在附近的商店买瓶饮料，却发现除了含糖的茶和碳酸饮料之外什么都没有。后来他回忆那天的"灵光一闪"时说："我陡然意识到，那些口味和我们一样的人被排除在了市场之外。品牌们还没意识到成年消费者的口味更复杂和成熟，我们不喜欢小孩喝的那种甜饮料。"

恰好拜瑞的行程在纽约中转，塞斯与其在街边一家咖啡馆叙旧并谈及此事。曾经在课堂上，学生们质疑这位久负盛名的教授只会"纸上谈兵"，现在一个绝好的商机就在眼前，拜瑞当即决定付诸实践，研发无糖饮料。在塞斯"做一杯自己和他人喜欢的真正好饮料"以及拜瑞教授"证明教授不是纸上谈兵"的初心下，一段创业之旅就这样开启，Honest Tea 在塞斯家的车库里诞生了。当时的美国饮料行业版图留给茶饮料的份额不到 8%，但是他们意志坚定，初心非常明确：制造和推广美味、健康、有机的饮料，以诚实的态度打磨配方，以可持续发展的理念推进业务，为人们提供好喝的饮品。正是基于这样的初心，从品牌创立之初塞斯就反复调制配方，亲自邀请消费者品尝，而在生意规模进一步扩大后，Honest Tea 选择与公平贸易组织合作，每瓶饮料瓶身都带有美国农业部（USDA）的认证标志，同时承诺茶叶原产地的茶农和加工者在工资、福利等方面享有公正待遇。这是一项浩大的工作，但是他们坚持了多年。

Honest Tea 这个名字其实已经表达了两位创业家的使命初心，除了原料、供应链上体现 Honest 的内核，在营销活动上他们也将使命凸显得无处不在。比如每年夏季的"全国诚实指数"（National Honesty Index）营销活动也成为其金字招牌。每年七八月间，全美的繁华闹市就会出现多个无人看管的 Honest Tea 摊位，拿走饮料需投币 1 美元。可以想象，一定有人按照规则操作，也难免有人偷偷拿走一去不回。通过持续 10 天的大规模社会化测试，Honest Tea 每年都会发布全国诚实指数榜单，并得出一些有趣的数据：女性比男性更诚实一点，盐湖城和奥克兰都拥有过 100% 的守信度……这些话题总能掀起一波又一波的讨论，也让品牌与诚实这一概念深度绑定。

在可口可乐与 Honest Tea 的合作中，关于创立品牌的初衷，塞斯聊了很多，有他对饮料口味的偏好选择，也有对改良儿童饮料的思考："小朋友们喜欢含糖饮料，因为糖分能让他们开心。那为什么我们不生产一瓶能让妈妈放心的饮料？"他领着可口可乐的工作小组从马里兰州出发，一路探访，直到印度的有机农场和茶园，去见品牌的忠实粉丝、茶园的工人和喜欢饮料的孩子们，并反复提及要牢牢守住初心。这份对品牌使命的拳拳之心，实在令人触动。

拜瑞也在采访中强调了可口可乐的加入对进一步传承 Honest Tea 品牌使命的意义："如果这能让我们的销量从 1 亿瓶上升到 10 亿瓶，毫无疑问就能更好地完成品牌使命。哪怕可口可乐只能带来 1% 的改变，也比我们自己能做的多很多。"事实上，在收购完成之后，可口可乐确实尽可能地保留了 Honest Tea 的理念以及主要的经营方向，在此基础上积极拓展产品线、铺设更密集的销售网络。2018 年，Honest Tea 的年收入已经飙升到 5 亿多美元，且连年实现两位数增长。

回顾 Honest Tea 从创立至今的全过程，品牌与使命初心都是相融相生的，先有"想要做的事"——提供更有机、天然、健康的饮品，再有"实现途径"——创办品牌，制造商品，这是一套水到渠成、可以自洽的逻辑体系。今天我们可以设想一件事情：如果 Honest Tea 不是这个使命初心，或者没有坚持这个使命初心，它会不会走出另一条路径？比如通过数据分析发现茶饮料的市场份额不足 8%，因此放弃这个赛道？又比如第一个产品成功之后，迅速开发系列产品做大市场规模，而不是再去选择当时对他们而言"难而正确的事"？当然，不是说我们假设的这些策略不会得到市场上的成功，但是市场上的短暂成功未必会形成一个强有力的品牌，可能品牌的兴亡寄托于市场的周期之中。对于有些中国品牌来说，它们的诞生或许纯粹出于一时兴起，还没有做好精神层面的准备，就已经被推上了浪潮之巅。面对突然到来的利益和盛名，如果缺乏使命初心的指引，品牌可能会无所适从、迷失方向。

西蒙·斯涅克（Simon Sinek）在《从"为什么"开始》一书中描述了企业如何通过借助人的情感来更有效地定义其目的和市场地位，从而以措辞恰当的目的激发人们的想象力。其实这是从侧面说明了使命初心的重要性。它是企业或品牌存在的根本与基石，是指引企业看得更高、走得更远、实现基业长青的北极星。从这个层面看，品牌的使命初心还是一则战略宣言，全方位呈现企业的信仰。

花西子的"初心"

令人备受鼓舞的是，中国企业家也开始逐步认同使命驱动的增长模式。新消费浪潮下，我们看到了越来越多中国品牌崛起的希望。

2015 年，花西子创始人兼 CEO 花满天有了自立门户做原创品牌的想法。两年后花西子诞生，2019 年迎来爆发式增长，全年商品交易总额达 11.3 亿元，较前一年激增 25 倍；2020 年更是突破 30 亿元大关；2021 年，光是上半年销售额就突破 26 亿元。只用短短四年花西子就实现了传统时代同类品牌可能要十余年才能达成的增长跨越，这样的成绩与其自成立之初就具备强烈的使命初心密不可分。

相当长的一段时间里，中国本土可以说并未形成原生、健全的彩妆行业，这也导致诸多行业通行的"话语权""解释权"都长期为西方品牌垄断，包括标准、规则、体系甚至是功效方向。而居于低端的国货彩妆品牌，在失声窘境下大多数只能扮演着"大牌平替"的角色，这又进一步加重了人们心里本土品牌廉价、低端的认知。有没有可能，我们不必

"重蹈覆辙"，而是"另起炉灶"？从大学时代开始，花西子创始人花满天就想——为什么要一味去学习西方彩妆的文化、理念、设计？花满天希望能够创立一个可以承载中国文化和东方美学的品牌，帮助国货彩妆走出低价竞争的泥潭，并以此带动创新、研发、品质的变革，这便成为花西子的使命初心。

花西子从诞生之初就试图开创东方彩妆的新品类，并提出"东方彩妆，以花养妆"的品牌定位。也正是基于这样的品牌定位，花西子在品牌建设的各个层面都尤其重视东方元素的运用和渗透：品牌名中的"西子"既意指四大美人中的西施，又借用苏轼名句"欲把西湖比西子，淡妆浓抹总相宜"的寓意；主题色选择粉色与黛色源自传统文化中的"粉黛"，就连 Logo 也是江南水乡的轩窗造型；在产品设计和研发层面，更是不断运用朱砂、雕花、苗银等经典东方元素，力求对东方美学做到极致呈现。

近年来"国潮"的兴起，更成为花西子驶上快车道的时代东风。成长在蒸蒸日上的大环境下的中国 Z 世代青年，具备极其充分的文化自信。新一代消费者的成长伴随着中国国力的不断强盛，这自然引发了自消费认知到理念的深刻变化，近几年的"国潮复兴"便是这种变化的集中折射。对花西子而言，能赶上这样的潮流可谓恰逢其时，花满天却在接受采访时表示："花西子赶上了这股国潮，但我们并不把自己定义为国潮品牌。我们的终极目标是成为中国优秀的文化品牌，打造出独具一格的'花西子风'。"

当探讨生意、品牌与使命初心的关系时，花满天同样有一个贴切的形容："做生意是百米跑，做品牌则是马拉松。所以我时刻要求团队不能松懈、不能浮躁，要始终不忘初心，持续打磨好产品、服务和品牌，才能不负消费者对花西子的认可和支持。"从搭建新品牌到开拓新品类，从成功突围彩妆赛道到追求长期主义的品牌文化构建，在使命初心的持续作用下花西子的每一步都稳中有进。

品牌建立的视野要超过战略规划，很重要的因素是其品牌内核的稳定性和持续性。战略规划可以调整，但是品牌的使命初心一旦定下，会变成企业奉行长期主义、克服困难的源源不断的动力来源。目前中国市场上诸多企业在品牌投入上表现出一种机会主义的特点，这当然是一柄双刃剑——能够洞察到市场机遇，但是每一个长青品牌必然面临多轮大时代的周期替换，就像今天新消费品牌面临的状况一样，如果不是发自本心，就难以约束住自己的企业边界、市场行为，以及为品牌建立长期性的资产投资。

02 使命初心如何发挥作用

本章第 1 节中的几个案例，很好地说明了使命初心的作用。我们将其归纳为以下四点：

▶ 为企业提供了清晰的精神源泉和吸引力，让员工和消费者都更容易理解和熟悉。

▶ 决定了企业行为准则中的"什么可以做，什么不可以做"，为业务提供聚焦核心点，指导业务开展所需要的一切工作。

▶ 是整个品牌演绎推理的元起点，是品牌在消费者心智中得以成立的元根据。

▶ 为企业提供了一个超越单纯盈利的更高规格的目标，使消费者的生活和企业周围的世界受益。

如何理解这四点呢？接下来，我们将分别阐述。

第一，使命初心为企业提供了清晰的精神源泉和吸引力，让员工和消费者都更容易理解和熟悉。按照包政教授对企业的定义，企业是分工一体化的关系体系。从经济学鼻祖亚当·斯密开创分工理论开始，如何将企业分工之后变成一个整体，结成一体化的关系，是组织的核心问题。而使命初心解决的是内部组织一体化价值认同的问题。当然，按照科特勒在《营销革命3.0》中的看法，使命、价值观也可以外显为针对消费者甚至更广泛利益相关者的品牌共鸣。它解决了企业"道"层面的问题：企业追求什么，组织协同其他追求什么，这些追求对产业、对消费者来讲是否具备意义。看看以下这些知名企业的使命初心，或许我们可以洞悉一二：

- ▶ 可口可乐：畅爽世界，带来积极改变。
- ▶ 宝洁：为现在和未来的世世代代，提供优质超值的品牌产品和服务，在全世界更多的地方，更全面地，亲近和美化更多消费者的生活。
- ▶ 亚马逊：让人们可以通过简单的网络操作获得具有教育性、资讯性和启发性的商品。
- ▶ 领英：联结世界上的专业人士，使他们更有效率、更易成功。
- ▶ 阿里巴巴：让天下没有难做的生意。
- ▶ 星巴克：激发并孕育人文情怀——每人、每杯、每个社区皆能体会。

尽管行业领域各不相同，其中的宏观视角异常鲜明，同时又能找到具体落脚点。再看一组对比："做一杯好的牛奶"似乎很难被视作企业信条，但是"为我们的家人和孩子做一杯安心好奶"绝对能称得上是一条充满人文关怀，能感召和激励员工，聚拢消费者的品牌使命。

第二，使命初心决定了企业行为准则中的"什么可以做，什么不可以做"，为业务提供聚焦核心点，指导业务开展所需要的一切工作。一旦确定了使命初心，由上至下在面临发展过程中可能遇到的种种选择时，企业就有了高效决断的准绳：永远选择与使命相符的那一边。恰如西蒙·斯涅克所说："让公司产生凝聚力的不是它的产品或服务，让公司强大的也不是它的规模和力量。这两个的终极答案都是文化——一种牢固的价值观和信念，上至 CEO 下至前台接待，每一个人都认同它。"

"为我们的家人和孩子做一杯安心好奶"的使命初心，来自国内低温酸奶行业的新锐品牌简爱。品牌创始人夏海通曾在蒙牛乳业工作 15年。还在蒙牛时，集团创始人曾问夏海通："到底什么才是一杯好酸奶？"这个问题在他心中久久萦绕，2008 年起连续数年的乳业震荡更让他纠结不已："我做的酸奶，能放心地给孩子喝吗？"2014 年，这位资深的"业内老兵"选择另起炉灶创立朴诚乳业，打造简爱品牌，向着"一杯好酸奶"的目标前进，于是便有了"为我们的家人和孩子做一杯安心好奶"的使命初心，并由此出发重新梳理了酸奶作为消费品的核心价值：牛奶的营养＋益生菌营造的健康肠道环境。这意味着对于酸奶来说，除了生牛乳、发酵用的乳酸菌和调整口味用的糖，其他东西都并非必需品。最后夏海通决定还原酸奶的本来面貌，为简爱制定极简配方——"生牛乳、糖、乳酸菌，其他没了"。这份配方既是简爱品牌的立身之本，又成为它最好的广告文案和品牌资产。极简的配方与"安心好奶"的使命初心对齐，成就了围绕使命初心建立的、以品质让消费者安心的产品价值观。在研发"父爱配方"产品时，简爱面向 100 万名粉丝招募了 3000 位妈妈参与研发，通过与这些妈妈的交流和沟通，确定出孩子们真正需要的成分并最终定下产品原料表。

从某种意义上，使命初心也约束着企业业务拓展的边界，而一个不受约束的公司，必然难以坚持其核心价值，品牌则难以建立强有力的内外认同。

第三，使命初心是整个品牌演绎推理的元起点，是品牌在消费者心智中得以成立的元根据。后现代理论家让·鲍德里亚（Jean Baudrillard）曾试图揭露消费行为的本质：正是在消费中，人们获得某种特定的符号认同，你进行一种消费，也就意味着你可以共同拥有同样的编码，分享那些使你与另外某个团体有所不同的符号。这段半个世纪前的论断，几乎是对当下年轻消费者圈层化现象的精准摹写。

目前，中国的"90 后"和"00 后"约占总人口的 24%，据麦肯锡发布的《2020 年中国消费者调查报告》，调查样本中二线及以下城市"年轻购物达人"仅占受访者的 25%，却为 2018 年消费支出增长贡献了近 60%。消费能力的快速崛起，让他们逐渐成为新的中坚力量。在社会发展与移动互联网高速渗透的双向助推下，鲍德里亚描绘的潜意识已经全然外化为当代消费者的共识。

在消费者日益注重个人意志表达的背景下，那些发自内心坚守使命初心的品牌更加受到他们的偏爱。2007 ～ 2019 年，联合利华旗下那些坚守自己目标承诺的品牌增长速度是其他同行的两倍。在总计 400 余个品牌中，包括多芬、家乐、奥妙在内的 28 个怀有明确使命的品牌，2018 财年的业绩增长速度相比旗下其他品牌要快 69%，并联合贡献了全公司 75% 的增长额。可见，年轻消费者们的表态并非空穴来风，他们选择为品牌的初心、使命、主张付出实实在在的购买行为。

谈及此处，就必须回望联合利华 CEO 乔安路（Alan Jope）在 2019 年戛纳国际创意节上的那段略显"激烈"的演讲："如果一些品牌仍然只能停留在传递'让你头发更有光泽、皮肤更柔软、衣服更白或食物更美味'的产品功能上，而没有传递出更重要的象征与理念，那么我们将考虑把它们淘汰。"乔安路号召品牌都应该有明确的使命初心。我们认为这两样东西才是塑造品牌整体个性、使之建立起丰富精神内涵的根本，能够真正注入灵魂，助其走得更远。

第四，使命初心为企业提供了一个超越单纯盈利的更高规格的目标，使消费者的生活和企业周围的世界受益。《友爱的公司》由三位世界知名营销学者合著，他们选取了亚马逊、宝马、星巴克、谷歌等 29 家非常重视公益和社会责任的企业，追踪它们的成长曲线并与其他卓越企业相比对，发现当观察周期设置为 3 年时，两类企业的成长曲线表现相当，而当周期拉长至 10 年时，前者的表现比后者高出 331%～1026%。

最终他们得出结论：当今最伟大的企业都是由激情和目标驱动的，而非现金。在不断前进的过程中，这些企业通过帮助所有利益相关者（客户、投资者、员工、合作伙伴、社区甚至是社会）蓬勃发展来赚取高额利润，并得到利益相关者的认可、重视、钦佩和喜爱。它们通过开展业务的方式让世界变得更美好，而世界给予它们回报。

本书作者之一鲁秀琼年轻时那略带稚气的疑惑——"废旧物品回收、保护江豚和北极熊、帮助贫困地区净化水源和产品销售有何关系"，其实早已在多年的外企工作生涯中消散于无形。借由企业使命"畅爽世界，带来积极改变"的引领，可口可乐基金会致力于在世界各地回馈当地社区，捐赠金额累计已超过 10 亿美元。从 2007 年起基金会正式承诺，每年都至少将上一年度营业收入的 1% 回馈社会。仅在中国，可口可乐就推动了包括水源地保护计划、可持续农业示范、湿地保护和恢复、农家乐人工湿地等近 20 个水资源保护项目；主导的 "5by20 计划"为超过 53 万名女性提供学习和成长机会……另外，可口可乐赞助的体育活动项目已经出现在 100 多个国家和地区，这些举措已经远远超出"逐利"的范畴。恰如一位可口可乐员工所言："尽管我只有微薄之力，帮助他人的感觉简直棒极了。"这足以证明，品牌的使命初心能带来多么深远的影响和价值。

03 使命初心的确定与迭代

我们始终认为，使命初心与品牌规模大小无关，使命初心理应贯穿品牌从初创到终局的每个阶段。在这一节我们主要探讨使命初心如何确定与迭代。

创始人发挥锚定作用

大部分情况下，品牌的使命初心由创始人提出和确定，而当这份资产随岁月流逝逐渐褪色或更改时，创始人也往往会挺身而出力挽狂澜。几乎每个伟大的品牌，都有一个广受尊崇的创始人。微软的比尔·盖茨、苹果的乔布斯，他们本身就已成为传奇。

耐克的品牌使命是"将灵感和创新带给世界上每一位运动员"。耐克还特别强调运动员的定义："只要你拥有身体，你就是一名运动员。"这一使命源自创始人菲尔·奈特的人生信条"永不停息的个人奋斗"。

　　在自传《鞋狗》中，奈特强调："我们正在与千篇一律、无聊乏味做斗争。我们卖的不仅仅是一种产品，更是一种理念、一种精神。"而书中那句反复出现的"懦夫从不启程，弱者死于路中，只剩我们前行"，正是对耐克使命的最好折射，也成为指引品牌发展的灵魂指南。在奈特的不断推动下，耐克广告往往彰显出一种勇往直前的体育精神，回馈创始人的"鞋狗精神"。在图 2-1 这则耐克广告中，山林间只有一名跑者孤独地奔跑，配文"赢得比赛相对比较简单，而战胜自己却需要不断努力"。在当时普遍聚焦产品和技术的广告界，这张海报激起了消费者们的热议。

图 2-1　耐克"永无止境"系列广告之一

　　奈特亲手塑造了耐克的灵魂，将起源于俄勒冈的运动品牌发展为全球性的体育帝国。而对星巴克而言，正因为创始人霍华德·舒尔茨对使命初心的重新贯彻，才让企业免于破产倒闭的命运，且时至今日依然生机勃勃。

　　2007年，星巴克市值在职业经理人带领下升至149亿美元，17 000家分店遍布全球的40多个国家和地区，看上去发展势头向好，但已卸任CEO的霍华德·舒尔茨却看到了风平浪静下的暗涌。某天当他随意走进一家星巴克门店时，发现几乎闻不到现磨咖啡的香气，换一家门店进入，扑鼻而来的都是三明治里的奶酪味……星巴克的使命初心是什么？"激发并孕育人文情怀——每人、每杯、每个社区皆能体会。"可现在星巴克的门店里，意式咖啡机总是摆得高高在上，顾客们甚至没办法看见咖啡师调制饮品的过程。

　　种种迹象让霍华德觉察到繁荣背后的巨大危机。后来在《一路向前》中他这样描述当时的感受："衰败发生得安静而平缓，就像脱线的毛衣一样，从针脚松动的那一处开始，一点点脱线。"果然，进入2008年后，由于经济形势不佳、公司营销费用减少、消费者有了更多选择等原因，星巴克陷入发展瓶颈，但是霍华德敏锐地觉察到根本原因在于企业内部出现了问题，他决定重新担任星巴克CEO，真正做到"将心注入"。交接完成后，霍华德召集内部员工开展集体研讨会议，并将研讨内容总结为一份备忘录，发给每一位办公室伙伴和所有分店经理，他还为线下门店重新设计了一套流程，细致到提醒店员要将奶酪放在三明治的不同部分，这样就不会掩盖咖啡的香气。同时霍华德也意识到，此前频繁的扩张和商业化过度的经营模式，影响了门店的出品质量。"我们没能让咖啡师获得更专业、细致的培训，导致门店的咖啡如白水一般寡淡无味。"2008年2月26日，美国的7100家星巴克同时歇业（见

图 2-2），咖啡师们在各自的门店内集中学习意式咖啡的做法。在培训短片的最后，霍华德告诉这些门店一线咖啡师："如果你们觉得浓缩咖啡的味道不够好，我允许你们倒掉再调一杯。"

图 2-2　2008 年 2 月 26 日星巴克门店张贴的歇业通知

歇业无疑会让星巴克亏损，但从长远来看，此举不仅教会了咖啡师如何正确调配饮品，更向外界释放出强烈信号：星巴克下定决心想要做出用心注入的咖啡。在霍华德·舒尔茨的直接领导下，经过长达一年的调整和恢复，尤其着力于对使命初心的普及和贯彻，星巴克终于重新走上正轨，建立起上下一致的价值认同，从 2011 年开始连续 30 个财季实现创纪录的收入和盈利。由此可见，创始人对使命初心的锚定是品牌可以知行合一、一以贯之的保障。

变化中与时俱进

除了创始人锚定，当企业增长陷入瓶颈、业务面临紧要门槛时，品牌的使命初心也有可能由职业营销人重新梳理定调，在变化中与时俱进。创立于 1955 年的多芬，是联合利华旗下最大的个人护理品牌。1957 年多芬美容皂登陆美国，当时市场上碱性洗护产品当道，多芬创新研发出含有润肤功能的温和产品，并与用户逐步建立起信赖关系。

数十年来，多芬致力于生产温和的香皂、沐浴露、洗发水、香体剂等产品，既有品类区隔（中性温和的个人清洁），又有产品优势（含润肤乳液），品牌人设也长期围绕"温和"和"真实"，但这样的定位下产品色彩还是过于浓厚，缺乏同等体量品牌应具备的价值高度。

2003 年，时任多芬全球品牌总监 Silvia Dias Lagando，试图为品牌重新寻找使命初心，她组织了一个全球的项目组深度聆听多芬忠实用户的心声。本书作者之一鲁秀琼身为中国区的个人护理用品市场总监，也有幸成为项目组成员。"你因为什么在多芬工作而骄傲？""如果这个品牌濒临倒闭，你会怎么样？"从高管到一线生产工人都是项目组访谈对象。

Silvia 的目标是把多芬打造成像苹果和耐克那样有精神感召力的品牌，最终在她的领导下，项目组和奥美团队共同锁定了一个洞察结果：社会对美的传统的刻板印象，导致了女性自我认知的偏差与自信心的缺失。面向全球不同国家和地区女性的调查表明，颜值和身材是少女们的焦虑源头，这一点全球都是如此。在此基础上，多芬确立了品牌使命初心"真美行动"（Real Beauty），提倡每位女性都是独一无二的存在，真正的美恰恰存在于不同的外形、身材、年龄和肤色中。

尽管如今这份使命初心已经备受认可，当年推进这一项目着实不易，那时没有人知道项目组想做什么，不明白为什么要调查关于女性心态和情感价值的内容。董事会原本也对此不置可否，直到项目组展示出一段视频，某位董事的女儿在视频中坦然说出了雀斑对自己造成的影响，包括缺乏自信等。这位董事感到惊讶和感动，因为女儿从未向他袒露这些真实的想法。最终项目组的提案获得了上层认可，并得以广泛推行。

当时，几乎所有个护品牌广告都选择以美貌的女性形象示人，多芬却全力推进"真美行动"，寻求那些面貌特征多元化的、气质天然的女性成为多芬广告的模特。这样的"背道而驰"让多芬从千篇一律的个护品牌营销中脱颖而出，甚至一度拉动产品销量大增 40%。

也正是立足这次规模巨大的消费者调查，才有了那份宣言性的《多芬美丽白皮书》，同时正式将多芬品牌带入中国。多芬十年如一日坚持"真美行动"，以此定义了品牌基调、产品创新、营销语境，鼓励女性善于发现自己的闪光点，呼吁女性学会呵护自己、关爱自己，反复告知女性消费者"你，远比自己想象的美丽"，多芬的业绩也因此获得了稳健增长。如果说多芬诞生后的第一阶段获益于其从产品角度对消费者痛点的洞察，那么，在品牌生命周期中遇见增长瓶颈时，多芬依靠深入的消费者心理洞察，借助对品牌使命初心的重新提炼和迭代，成功延续了品牌生命周期。另外，多芬的案例也启示我们，当职业经理人接过品牌进行管理的时候，如果发现品牌的使命初心缺失或者模糊，可以回到品牌双螺旋的原点，启动一场超越原有品牌动作的探寻，寻找品牌的灵魂。

不变的底层逻辑

品牌的发展可能会历经变迁，但是它的使命初心作为运行的最底层逻辑，通常不会被改变，只是偶有升华和迭代。一旦确立了使命初心就不要轻易改变，切记，万勿将其与任何阶段性的商业策略或者确切的战略性目标相混淆，在品牌发展过程中，这两者是会依时依事常有变动的。处于当下这样一个大格局变化的时代，品牌营销尤其是快消品的品牌营销，可能很容易会去追一些热点和新鲜的理念，但是做市场营销的人还是需要常常反思，什么可以调整，什么是不变的底色。

就在最近，可口可乐内部完成了一轮关于使命初心是否应该坚持的讨论——在今天这个时代，品牌的使命初心过时了吗？讨论的结果证明使命初心仍该坚持。可口可乐之所以能够保持商业成功、持续与社区创造共享价值，在于坚持使命初心，并时刻反观它能否帮助公司持续达成愿景和目标。在公司上市 100 周年这一历史性时刻，可口可乐重申公司的使命初心："畅爽世界，带来积极改变。"这里所说的"积极改变"，包括提供消费者喜爱的品牌和饮料选择，可持续地发展，与社区创造共享未来等。可口可乐相信，坚守使命初心是保持基业长青的秘方和立足之本。

曾经在与复旦大学的学生交流时，本书作者之一鲁秀琼抛出这样的问题："运营可口可乐这个百年品牌是市场营销人的梦想，也是市场营销人的终极难题——因为它的配方、包装、品牌名和品牌精神都不能改变，那么如何才能做到经典永传？"当然，作者也给出了相应的解答——立足品牌初心，对社会文化和场景变迁的深度洞察，对传播方法和生意渠道的与时俱进，以及一颗愿意改变的心。

乐高就曾因盲目背离品牌的使命初心而陷入衰退。曾经乐高最重要的产品是木质积木，品牌创始人克里斯蒂安森先生是木匠出身，手艺精湛。进入互联网时代，孩子们可以玩的东西越来越多，面对各种各样的挑战，乐高的品牌动作逐渐让人摸不着头脑：塑料手表，主题公园，合资拍摄儿童电影……但是这些都没能派上用场。2003 年年底，乐高产品销量同比下降 30%，94% 的乐高套装都不盈利，一度有人预言"乐高离破产只有 18 个月"。

也是凑巧，乐高的新任 CEO 在一次出差坐飞机时恰巧碰到了贝恩战略咨询专家克里斯·祖克，祖克是著名的管理学大师，以《回归核心》一书闻名于世。在那趟飞行中，祖克为乐高 CEO 破开了迷雾："如果一个企业拥有强大的核心事业，每五年它就能发展一个周边产业。"很快，在 CEO 主导下乐高重拾初心，聚焦积木，致力于为消费者带来"搭建的乐趣和创造的自豪"。乐高在新产品中嵌入经典元素，让成年粉丝可以找回儿时的那种快乐，更让他们愿意带着孩子一起去重温自己快乐的童年，完成乐高品牌在粉丝中的代际传承。

乐高的复苏被视作欧洲最佳企业复兴故事。事实上，乐高只是回归使命初心并贯彻，通过将使命初心融入产品研发中，乐高拥有了以前从未拥有过的客户亲密度和忠诚度。如果我们将乐高的故事作为一个蓝本，就会发现中国很多企业正在犯同样的错误：从一个成功的产品开始，不断衍生，以致忘掉边界，忘记了启程时想做的真正有价值的事情是什么。

创始人的锚定、变化中的与时俱进以及不变的底层逻辑，都在试图碰撞出不确定时代下品牌的确定性是什么——一个品牌、一家公司因何而存在，每一位创业者在启程当日就该明确；同时，对待使命初心，还需要企业家们在品牌发展的不同阶段反复审视和迭代，以此激励企业自身的创新与变化。保持不变的底色，且能因时、因事及时做出合理调整，这样才能够最大限度地发挥使命初心的指引作用。

04　如何确立使命初心

关于如何确立品牌的使命初心，某种意义上这似乎是个更深刻的世界观和哲学问题。在《活出意义来》一书中，斯坦福大学的埃米利·伊斯法哈尼·史密斯这样写道："没有意义的快乐，是相对肤浅的。追求意义远比追求个人快乐更令人感到满足。"找到使命其实就是找到品牌的意义感，它比带给客户的功利利益、情感利益更为重要。而亚里士多德说，意义源于四个不同形式的支柱，它来源于为社会做贡献的使命感，来源于通过独特的经历体验去回溯人生，来源于我和其他人的联系，来源于与自我以外的更大存在的联系。

回到企业对使命初心的探索上，我们不妨从以下四个直击灵魂的问题入手，坦诚面对每一个问号，加上尽可能真实地表达，足够帮助你定位并搭建出一个适宜的品牌使命初心：

▶ 问题 1：企业或者品牌为什么存在？

——它承载了你怎样的寄托和期待？尽可能简明扼要地回答这个问题，如果连你自己都无法精准概括，你的员工和用户在接收信息时会感到更加复杂。

▶ 问题 2：企业或者品牌可以为用户、为社会做些什么？

——你的企业或者品牌能给用户带来怎样的价值？能为社会创造怎样的价值？它能让人们更方便地去做一些事，或者变得更健康、更愉悦、更幸福吗？如果它不能带来任何价值，请回到第 1 个问题，反思它为什么存在。

▶ 问题 3：如何达成知行合一？

——在前两个问题的基础上深入思考：企业或者品牌实际运营的过程中，如何做到知行合一？当你引为圭臬的使命初心与实际的经营利益发生冲突时，你会做出怎样的选择？

▶ 问题 4：是不是可以作为品牌墓志铭？

——尽管现代商业已发展得日臻纯熟，企业或者品牌经营过程中毕竟存在太多的不稳定因素，真正能基业长青的品牌仍是寥寥。试着假设你的品牌即将退出市场，拟定的使命初心能否作为它的墓志铭，概括它出现的意义和带来的价值？

纵观安缦的品牌建设之路，恰能完美回答这四个问题。在全球行业机构发布的大多数酒店集团排行榜上，前排往往很难觅见安缦的身影，因为这些榜单通常都以分店及客房数量作为硬性指标，而安缦一直在故意控制每家门店的客房规模。但这丝毫无碍安缦在酒店爱好者心中的地位，甚至由此衍生出一群坚定的品牌粉丝"安缦痴"（Aman Junkie），他们每到一个地方，入住酒店的首选必定是当地的安缦，甚至为了打卡某家安缦门店，不惜专程前往该处旅行。这样强大的品牌魅力，皆因其从创始之初就树立起了独具一格的使命初心。

20 世纪 80 年代，身家丰厚的阿德里安·泽查（Adrian Zecha）打算在普吉岛找到一处理想的海滩修建自己的度假别墅，岛上的海风椰林、白浪沙滩都让其沉醉不已。在此之前，泽查曾与好友乔治·拉斐尔（Georg Rafael）、罗伯特·伯恩斯（Robert H.Burns）及日本东急集团共同创立丽晶国际酒店集团，并带领丽晶成为全球首个以亚洲为发展基地的豪华酒店品牌。但是面对普吉岛的美景，泽查却萌发出全新的构想：在这里搭建一个小型的精品度假村。

泽查邀请此前为自己重装过私宅的设计师埃德·图特尔（Ed Tuttle）合作，按照自己的品位装修并决定只开设 40 间客房，他认为"如果建了一座自己和朋友都喜欢的酒店，那么其他和我们品位相似的客人大概也会喜欢它"。1988 年，泽查的构想终于落地，安缦首店在普吉岛正式开业。在当地语系中安缦有"和平、庇护、安宁"之意，泽查希望安缦能够"打造亲切、温和、好客的私人居所"，让客人在欣赏美景之余享受宾至如归的服务并能获得内心的平静，这也成为安缦品牌的使命初心。

从创立之初，这份使命初心就得以彰显。一个为人津津乐道的故事是由泽查亲自聘请的安缦首任总经理安东尼·拉克（Anthony Lark）此前甚至没有酒店总经理的工作经验，而他能获得这份工作，恰是因为他极为自然、亲和的品格魅力，而这正是安缦所需要的。

在往后三十余年的发展历程中，安缦以一份独特的"克制"不断坚守使命初心。出于遗世独立、保护隐私、亲近自然三大选址标准，安缦的门店数量增长相对缓慢，但也保证了每一处都让人惊艳，仅从中国的几家门店就可看出：丽江古镇、明清古宅、颐和园……因为想为客人提供真正"好客"的服务，安缦将每家门店的客房数量都控制在 50 间以内，并聘请性格亲和自然（而非标准化、程式化）的员工。安缦的一大特色是莅临酒店的客人能直接在房间内办理入住，并由服务人员详细介绍房间及酒店设施。

凡此种种，都让安缦区别于其他豪华酒店，完成了自身独特的品牌塑造。正如泽查所说的，"安缦是与众不同的，它顺应了当代的生活方式，所以能提供一种无尽的生活享受"。至于"是不是可以作为品牌墓志铭"的问题，目前安缦的发展势头良好，许多安缦痴都认为，安缦独特的气质和服务，以及刻进 DNA 的"克制"都让他们着迷。

重温安缦的品牌历程，我们能够看到合适的使命初心应该具备这些因素：有目标、有高度、可操作、可复盘，当然在完全落地的过程中也必须结合真实的消费者和员工反馈来不断优化、完善。尽管品牌建设非一日之功，但有使命初心作为定海神针，这个过程将更稳健、更高效，使命赋予品牌以意义感和企业家精神。

1983 年，乔布斯说服百事可乐高管斯卡利加入苹果时抛出了至今仍被认为"史上最好招聘广告"的话语："你是想卖一辈子糖水，还是同我一起改变世界？"乔布斯的说服艺术中最大的魅力，即从品牌理念的维度入手，把苹果推高至"改变世界"的层次——"我为什么要做苹果，因为我想改变世界"，格局和前途立判不同。所以在本章的最后，我们向各位品牌创始人提出最后一问："你做这个品牌的使命初心究竟是什么，因为你的品牌，这个世界将会有何不同？"

| 本章小结 |

▶ 品牌起始于一个价值承诺。使命初心存在的意义，就是确立品牌明确的"价值理念"，明确划清企业行为准则中的"什么可以做，什么不可以做"。

▶ 使命初心是品牌的定调势能点，帮助品牌建立一套完整的客户价值创造体系，引领企业取得独特的竞争地位。思想高度决定了企业的持续周期和能否基业长青。

▶ 你的企业和品牌存在的终极原因是什么？使命初心在根本上必须能够回答这个问题。

▶ 使命初心与品牌规模大小无关，使命初心理应贯穿品牌从初创到终局的每个阶段。

▶ 大部分情况下，品牌的使命初心由创始人提出和决定，也可能在某些情况下由职业营销人重新梳理定调，通常不会被改变，万勿将其与任何阶段性的商业策略或者确切的战略性目标相混淆。

▶ 回到企业对使命初心的探索上，有四个直击灵魂的问题——企业或者品牌为什么存在？企业或者品牌可以为用户、为社会做些什么？如何达成知行合一？是不是可以作为品牌墓志铭？

第 3 章

用户满足

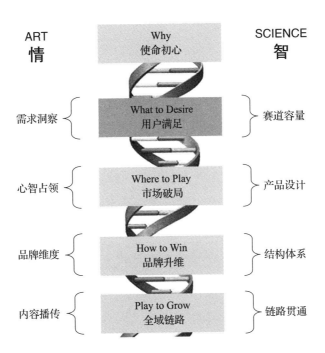

ART
情

Why
使命初心

SCIENCE
智

需求洞察 ⎱ What to Desire
用户满足 ⎰ 赛道容量

心智占领 ⎱ Where to Play
市场破局 ⎰ 产品设计

品牌维度 ⎱ How to Win
品牌升维 ⎰ 结构体系

内容播传 ⎱ Play to Grow
全域链路 ⎰ 链路贯通

　　上一章里我们已经探讨了品牌双螺旋的顶层要素"使命初心"，以此为品牌树立定调势能点，明确划清企业的行为准则和品牌宗旨，帮助建立一套完整的客户价值创造体系的原点。能量化的东西不一定重要，最重要的东西不一定能量化。使命初心看似务虚，却从本性上决定了品牌可以达到的高度。然而使命初心亦需要落地，所以接下来我们将进入品牌双螺旋的第二层面——用户满足。

　　首先回答一个非常基本的问题：为什么"用户满足"这么重要？在我们看来，"用户满足"是品牌塑造成长的"破局点"，只有实现这一点，企业才能真正在市场上找到突破口，将使命初心转化为市场上可以实践的价值方案。从使命初心到用户满足，这是一个将自我精神转入客观价值的过程。在第1章中，我们指出今天的市场营销背景在诸多行业已经陷入了"丰饶经济"的区间。在30年前那个供不应求的时代，渠道决定市场营销的主权；在20年前进入供大于求时代，细分、目标市场选择与定位尤其重要；今天我们面临的是一个供应远远大于需求的新时代，《连线》前主编克里斯·安德森将其定义为"丰饶经济"，并衍生出所谓的"丰饶经济学"（The Economics of Abundance）。诸多产品，尤其是消费品面临的已不是几个、几十个产品单元的竞争，而是线下和线上上万个甚至十万级的产品逐鹿，简单的细分与区隔已经无法应对如今差异化的要求。

　　这个时代也被称为消费者主权时代。进入消费者主权时代，消费者们开始更加主动地从碎片化并且高度丰饶的信息里寻找满足自我需求和渴望的方案，这意味着，营销必须从工业时代以商品为中心的卖货，积极转变为互联网时代以用户为中心的提供解决方案，这是整个营销视角上的转变，品牌不再是埋头研发完产品再去寻找用户，亦不是简单地

从用户出发找到一个简单差异化的立足点，而是立足消费者时空切片
（Customer Micro Moment）寻找问题的解决方案。所谓的时空切片听起
来抽象，但是不难理解，其实就是把需求放入时空中去做切片，看自己
的产品如何与消费者日常生活中的某个时空点相连，解决这个时空点中
的问题。

那么怎样才能做到用户满足？品牌双螺旋的最大特征就是其并列式
的结构，智、情共同驱动品牌成长，每一个环节都同时受到情和智两端
的作用。在这一章里，我们将围绕需求洞察和赛道容量两端，阐述如何
构建用户满足的选择区间。

01　需求洞察

"需求"一词大概是科特勒的《营销管理》中最高频的词语，所有
品牌、产品和营销都始于需求。正如德鲁克所言，企业的目的是创造客
户，而需求是客户之所以存在的本质，品牌源于需求、决策于品类、升
华于价值观。人类社会商业体系中的各种原理的演绎，最根本上都可以
追溯到供需关系，市场有需求，就会催生供给去满足需求，而当市场竞
争进一步加剧，产品之间却很难拉开差距时，企业必须借助营销手段赋
予产品和品牌更多价值感。可吊诡性在于——即便大部分创业者和营销
从业者都明白需求的重要性，"什么是真正的需求"仍是一个被反复探
讨的命题，需求是营销和品牌的"源问题"。

按照马斯洛提出的需求层次理论，人的需求由低到高排列，分别是
生理需求、安全需求、社交需求、尊重需求和自我实现需求，当满足某
一层需求后，追求更高一层次的需求就成为驱使人前进的动力。从营销

的角度，科特勒认为"需求"则是对于有能力购买并且愿意购买的某个具体产品的欲望，即需求＝欲望＋购买力，当欲望与购买力有一者难以支撑时，需求就会变成空中楼阁。

在我们的品牌双螺旋体系中，需求洞察是从人性的底层欲望开始的，明确细分用户、明确情景，也明确解决的问题，最终找到真正的需求。**我们将需求定义为人性的底层欲望在情景下的满足或表达**。欲望并非都是负面的，我们认为存在"七美好"——挚爱、自我宠爱、成就、好奇、自由、归属、开放，至于具体要将产品和品牌聚焦哪一种欲望，则要视具体行业和市场情境而定。没有底层欲望就没有需求，然而值得营销人员注意的是——一旦脱离具体欲望对应的情景，需求就很容易变成"伪需求"。

2009 年戴尔为获得更多北美女性消费者的欢心，不仅专门推出粉色的笔记本电脑，还在品牌名加上了女性化的后缀推出"Della"网站，该网站强调产品颜色、卡路里计算等，人们并不买账。而在国内，朵唯女性手机的宣传也曾甚嚣尘上——精心设计的外观，多样化色彩搭配，别出心裁地以女性为切入点，再配合高强度的明星广告投放。但是如果仔细审视产品脉络，就会发现除了产品设计和营销层面的差异，朵唯女性手机的一系列内置功能，如美容闹钟、生理日历、电子画报、我的衣帽间、家庭营养师等，无非是给常规程序套了一层女性化外衣，并未实现实质上的需求差异化。笔记本电脑、手机这类电子设备真的需要以性别来划分吗？我们认为这是被强行包装出的"伪需求"。

知名市场研究机构 CB Insights 分析了 101 家创业失败的硅谷公司，总结出 20 大主要败因，其中"没能找到市场真正的需求"竟然名列榜首。创业者们在面对现实的商业世界时容易掉进陷阱：出于自身兴趣而不是市场需求去解决一个问题，其中一款名为 Patient Communicator 的 app 其运营团队反思说："产品之所以无人问津，是因为压根没人对我们的核心业务感兴趣。医生真正需要的是更多病人，而不是更高效的办公环境。"因此识别"真需求""好需求"是用户满足的关键，否则品牌将建立在一堆堆流动的沙子之上。

紧抓消费者决策逻辑

从大传播时代到数字时代，不仅仅是信息传播的媒介和渠道发生巨变，整个营销领域都迎来全新的变革。在大传播时代企业可以依靠电视、广播、纸媒等媒介大面积铺陈信息，但很难与消费者建立直接、亲密的沟通，今天营销人员登录品牌社交账号就能与消费者即时对话，这放在 20 年前无异于天方夜谭。大传播时代，品牌与消费者之间的交流就是一场又一场单方面输出：品牌提前为消费者预设好各种需求区分，给出具体产品指引，再使用媒介推广，这样的交流模式决定了传统营销更多由细分目标人群着手，品牌先找出不同消费群体的特质，再逐个推测他们可能存在的需求，经典的 STP 理论（即市场细分、目标市场和市场定位）应运而生。美国学者温德尔·史密斯（Wendell Smith）在 1956 年提出市场细分概念，经菲利普·科特勒发展和完善最终形成 STP 理论。STP 理论预设现代社会的任何品牌和产品都无法完全垄断市场，品牌必须通过分析人群的消费心理、行为特征、文化背景等因素，进一步细分市场，再以多元化的产品实现对不同人群的击破，告诉他们"你需要这款产品"。

宝洁可谓 STP 理论的忠实践行者，旗下每个品牌都具备独特价值，且针对不同消费群体，你甚至可以在同一家超市货架上看到数款宝洁产品"对打"，每一款产品卖点都相当清晰，几乎能让你在 5 秒内完成比对和决策。在衣物护理领域，宝洁有碧浪、汰渍、当妮，口腔护理则是佳洁士和欧乐 B，洗护除了潘婷、海飞丝、飘柔、沙宣四大主力，还有新近崛起的澳丝、发之食谱等打辅助。从平价到高端，从"去屑""柔顺"到"强力去污"，这些主打不同效用的子品牌精准锚定目标消费群体，实际上是在为消费者提供需求引导和消费指南。

数字时代丰饶经济下消费者面临更多的选择，美国顶级心理学家巴里·施瓦茨（Barry Schwartz）将其描述为"选择的悖论"。巴里·施瓦茨在《选择的悖论：用心理学解读人的经济行为》一书中提出了一个革命性的观点：幸福意味着拥有自由和选择，但更多的自由和选择并不能带来更大的幸福，相反，选择越多，幸福越少。**所以今天品牌如何脱颖而出，实际上重点在于如何帮助消费者做出选择**。

数字化时代的需求不再来自特定的人群，而是这些人群购买与使用产品的具体情景，品牌必须**从"以消费者为中心"细化到"以消费者的决策或使用为中心"**，并且抓住以下要点：具体针对消费者的何种场景、何种问题（痛点），产品在使用过程中到哪个时期会形成情感的正向加强（瘾点），产品的哪些点会被消费者分享（晒点），从而按下激发交易的按钮。这种新思路完全是结果导向的，目的就在于找到具体场景中的问题，解决它的同时实现高效转化。

待办任务理论

哈佛大学传奇教授克莱顿·克里斯坦森针对如何满足客户需求，创造性地提出了待办任务理论，强调深度洞察消费者的"待办任务"：人们每天都在努力地改进他们的生活，他们不是单纯地购买产品，而是希望借助产品帮他们解决痛点（功能需求）、创造瘾点（情感诉求）、满足晒点（社交货币），如表 3-1 所示。

表 3-1　完整的待办任务理论需求分析路径

分析项目	场景	动机	痛点	瘾点	晒点
顾客典型心理路径	当处在某时某地……	我很想要去……	这样我就可以……	会让我觉得……	其他人会认为我……
企业分析点	激活顾客需求的场景按钮是什么	顾客在场景下想要做什么	为什么想做这件事，期待着怎样的结果	在这件事做完后，顾客的情绪状态将是怎样的	在顾客做完这件事后，其他人怎样看待他
场景—顾客需求描述					

比较待办任务理论与经典营销方法论，最大的改变是"从人开始"转向"从情景开始"，实现需求落地。真正的需求洞察必须从情景出发，找到消费者要解决的问题——不仅仅是推出产品，更多的是要用产品解决某种情景下遇到的问题。

什么是情景？情景是有情绪的场景，能形成消费情绪和行为终极诱惑的具体时空。情景设置是基础，同一位用户置身不同的情景中会自然衍生出多样的需求，不同的情景决定了品牌如何找到目标人群的具体需求，用什么样的语言和策略去开发产品，就是所谓的"见什么人说什么话"。

基于不同的情景，即便是同类型的商品，也会发展出截然不同的商业模式和兴趣人群。同样是做咖啡生意，星巴克主打"第三空间"，雀巢则是居家常备品。前者营造出悠闲的社交环境可以让人享受片刻闲暇，合宜的灯光、舒缓的音乐和舒服的座位，再配上一杯热气袅袅的现调咖啡，这就是典型的星巴克情景，也成为都市优雅生活的缩影。

人们为何要花 30～40 元买一杯咖啡？他们同时也在为空间和体验付费。雀巢咖啡则适用于另一情景，它的成立就是为了解决咖啡价格崩盘后的库存过剩问题，主打方便快捷，更适合作为居家时的自我犒劳，想喝咖啡时随手一冲。星巴克与雀巢，都在自己的核心情景下做到了极致。

酒水领域同样如此。人头马是全球闻名的法国白兰地品牌，迄今已有近 300 年历史，口感浓郁芬芳，品牌调性和产品特征高度贴合喜庆、欢聚等助兴情景，加上昔年黄霑的神来之笔"人头马一开，好事自然来"，更奠定了其在庆典场合的尊崇地位。新晋酒饮品牌江小白则把"小"情景做到极致，主张简单、纯粹的生活态度，提倡小聚、小饮、小时刻、小心情，将"助兴之酒"化为"怡情之酒"，悦人化为悦己，不为应酬，想喝就喝，在酒水领域走出一条新路，收获"90 后""95 后"消费者的共情和喜爱。

即使是同一件产品，按照待办任务的思路分解，也能同时切入多个情景，适配不同场景。正官庄是韩国老字号高丽参品牌，2012 年推出了一款高丽参精产品 EVERYTIME，采用便携式的小条包装，以便消费者随时饮用。

待办任务理论是对 STP 理论在丰饶经济时代的补充。如果仅用传统理论来审视 EVERYTIME，核心卖点可能就会落在滋补养生、延年益寿上，这样老派的定位自然很难吸引年轻消费者，在 EVERYTIME 上市初期 20～30 岁的年轻消费者占比仅有 5%。

正官庄不甘心就此放弃年轻人的市场，它不断强化产品的便携和易用性，积极挖掘年轻群体潜在的保健需求——频繁加班，工作劳累；生活不规律，常熬夜，气血亏损；压力过大，易困易乏等。此外还开发出多个新情景，如办公室常备、居家自我犒赏、健身房补充能量、朋友赠礼传递关心（见表 3-2）。在宣传上，品牌也在电视剧中大量植入广告，收视率较高的《继承者们》《太阳的后裔》《经常请吃饭的漂亮姐姐》等都能看见 EVERYTIME 的身影。2020 年，EVERYTIME 的年销量已逼近 2 亿条，其中年轻消费者比重上升至 15%。只有摸清不同场景下的消费者心理路径，才能真正确定消费者需求，指导设计场景下对应的产品、服务和内容。

表 3-2　正官庄 EVERYTIME 需求分析举例

分析项目	场景	动机	痛点	瘾点	晒点
顾客典型心理路径	当处在某时某地……	我很想要去……	这样我就可以……	会让我觉得……	其他人会认为我……
企业分析点	激活顾客需求的场景按钮是什么	顾客在场景下想要做什么	为什么想做这件事，期待着怎样的结果	在这件事做完后，顾客的情绪状态将是怎样的	在顾客做完这件事后，其他人怎样看待他
场景—顾客需求描述	经常加班的白领一族	希望在加班劳累时充能提神	这样能提高"续航"能力，振奋精神	完成工作带来的成就感	他人会对工作成果给予肯定

　　情景是包含在用户需求中的。想得到一个具体的用户消费情景，可能需要考虑大量因素——在哪里、什么时候、和谁在一起、此前在做什么、接下来要做什么、是否受到外界影响……可以延伸到生活的方方面面。无论如何，确定用户需求（以及出台解决方案）都必须从情景展开，因为消费的动机总是深受情景的影响。

　　2021 年 4 月初，抖音首次将自身的电商模式定义为"兴趣电商"，即一种基于人们对美好生活的向往，满足潜在购物兴趣，提升生活品质的电商。传统电商做的是以货为中心的交易，社交电商以人为中心，内容电商以内容为主导，一路升级至"兴趣电商"，就是希望能在某个具体情景下通过分享生活的内容，引发消费者的兴趣，激起隐性需求，最终产生生意增量。这种潜移默化的思路，与待办任务理论其实是不谋而合的。

时空切片管理

然而待办任务理论虽然提出了一种新的需求发现视角，但是没有回答"是什么情景"，如何更好地去发现、选择、评估这些"独特的情景"。

根据在营销实践中得到的经验，**我们将这种"独特的情景"定义为消费者时空切片，其本质是消费者某时某地身处的微观环境，心理上自然地产生某种渴望，从功能、情感、社交的三重维度产生一系列待办任务**。这样一来，企业就可以从管理隐性的消费者任务升级为管理显性的消费者时空切片，也就能够发现时间切片并进行选择和评估，形成一套体系化的方法。

这套方法我们称为时空切片管理[⊖]：围绕消费者"一生与一天"中的时空序列，发掘不同时空切片，将需求管理细化为时空切片管理，企业将从传统行业争夺消费者钱包、互联网行业争夺消费者时间升级为争夺消费者时空中的需求。在消费者一生中不可计数的瞬间中，如何发现有意义的时空切片？我们提出"1+1"方法，即围绕消费者"一生与一天"发现时空切片。

第一个"1"，指的是从消费者生命周期中寻找时空切片，为消费者匹配不同的产品或业务。此时的时空切片是与企业业务相关的、消费者生命中具有普遍性的重大时刻，**企业要如同传记作者一般描绘出消费者**

⊖　王赛，吴俊杰. 业务增长线如何发现蓝海？试试 Micro Moment Management 方法［J］. 清华管理评论，2022（4）：30-37.

生命旅程中与自身业务相关的节点，比如对照季羡林先生的《留德十年》，则应该为消费者写一本《与我们的十年》。正如在 2021 年小米发布会上，小米创始人雷军展示了一本由"米粉"的六年消费账单拼成的书，作为"米粉"和小米一起长大的见证。奶粉行业也是典型的按照消费者生命周期延伸产品或业务的行业，品牌根据婴幼儿的年龄段将奶粉细分为 1 段、2 段、3 段，一些品牌也将自己与年龄绑定，例如铂臻奶粉打出的"1 岁就要换铂臻"口号。

企业应主动根据消费者生命周期布局产品。我们曾为某银行挖掘消费者生命周期的重大时空切片与需求（见图 3-1），据此银行可以在消费者不同阶段匹配不同的需求管理手段，形成新的业务增长线。

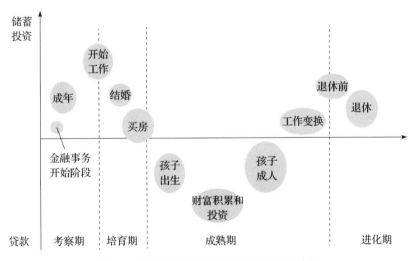

图 3-1　某银行的消费者重大时空切片分析

第二个"1"，指的是在消费者典型生活的一天中寻找时空切片，目的是发现消费者高频的刚性需求点。此时企业要如同纪录片导演一样深入消费者一天生活中的行动轨迹，就像电视剧《长安十二时辰》一样解构和细致描绘。图 3-2 是我们分析消费者一天生活的简化工具，企业可按照时间序列拆解和描绘消费者与自身业务有关的需求。

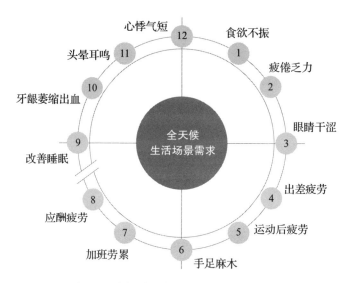

图 3-2　分析消费者一天生活的简化工具

　　由于这一方法找出的是同一类消费者在同一生命阶段、不同时空下的需求，因此能以最低的资源耗费带来显著增量。例如美团等外卖平台上的商家早期只做晚餐和午餐，此后逐渐增加了早餐、夜宵和下午茶，围绕已联结的消费者迅速获得了增长；吉野家在早期追求业务扩张时，也是按照一天三餐来扩张，因此在日本有"三餐吉野家"的说法。

　　通过待办任务理论与时空切片管理相结合的思维，品牌也更能看清自己真正的竞争对手是谁。作为全球最大的玩具公司之一，乐高至今仍保持着强劲的增长。如果只聚焦于玩具行业或者积木细分品类，它早已难觅对手，可是一旦对儿童群体展开"1+1"分析，将视线投向整个童年阶段以及一位儿童一整天的日程，就会发现乐高最大的竞争对象并不是其他同类品牌，而是那些与它争夺儿童时间的东西——手机、iPad 甚至是早教班。

乐高集团高级副总裁、中国区总经理黄国强就曾有言："其实我们真正的竞争对手可能是小孩手中的手机，（他们）很多的时间都在电子媒介上面。"2005 年后出生的孩子，往往被认为是数字时代的原住民，他们在童年时期就能够接触到电子媒介，并且由于触摸屏和移动互联网的普及，随时随地都能以此轻松娱乐，这也直接压缩了家庭玩乐时间。据 2018 年发布的《乐高玩乐报告》，家庭的玩乐时间正在被压缩：30% 的家庭每周一起玩乐的时间不到 5 个小时，更有 10% 的家庭的玩乐时间不到 2 个小时；根据 2020 年发布的《乐高玩乐报告》，72% 的中国家长都希望孩子能够同时进行实体玩乐和数字玩乐。

外部环境的悄然生变，也让注重寓教于乐、追求极致拼搭的乐高迎来了全新挑战。为了应对变化，乐高一边开始补充数字化玩乐的产品，一边加速线下零售门店的扩张，更深入地触达消费者的生活。据乐高公布的业绩显示，2020 年零售额较 2019 年增长 21%，尤其是在美洲、西欧和亚太市场，这主要得益于产品范围扩大、电子商务投资获得回报以及中国市场大幅增长。

娃哈哈旗下的营养快线能够成功就是从纷繁的市场中锁定了真正的对手。进入 21 世纪后，中国经济迎来高速发展，社会生活节奏加快，人们的饮食习惯也随之而变，尤其对城市白领和学生群体而言，他们没有大块时间专门制作和享受早餐，渴望出现更方便但又有营养的"代餐"产品。这种产品究竟会以怎样的形态出现还没有定论，这正是娃哈哈的机会。娃哈哈将果汁与牛奶两大营养饮料融合，还添加了 15 种营养素，专攻一天中的早餐时段，首次打出"早餐饮料"的名号，开辟出独一家的新天地。2005 年，营养快线上市初期就定价在 4 元，在当时的饮料市场中价位偏高，但和早餐的花费相比，4 元就很容易让消费者接受了，也潜移默化中完成了"一瓶饮料"和"一顿早餐"的对标。"早上喝一瓶，精神一上午""15 种营养素一步到位"，这两句通俗易懂、直指关键的广告语配合铺天盖地的广告宣传，终于牢牢树立起营养快线高端营养饮品的地位。

可口可乐也尝试着将传统的大事件营销细化为时空切片管理。多年以来，可口可乐一直在全球赞助足球比赛，更是 FIFA 世界杯全球合作伙伴，成功打造了多个传统大事件营销的经典之作。2015 年，时任全球 CMO 马科斯·德金托（Marcos de Quinto）给团队提出了一个挑战，如何能让世界杯营销叫好又叫座，不仅仅是提升品牌美誉度，更由此形成足球爱好者在足球相关场景的饮用习惯。

通过待办任务理论与时空切片管理相结合的思维，可口可乐精准定义了足球时刻：全情投入的观赛时刻，需要可口可乐独特的快乐提神功效，这才是真正的足球快乐体验。可口可乐将整个世界杯从传统的比赛视角转化为世界杯球迷的观赛时刻：真正的世界杯在于球迷纵情投入的一刻；凸显了可口可乐的产品和品牌角色：可口可乐帮助世界杯粉丝提神、投入、助威，庆祝世界杯每一个流连忘返的时刻。可口可乐利用 8 周前粉丝预热、4 周前观赛派对囤货准备、神魂颠倒的开幕式一天、比分罐猜猜猜、观赛情绪打汽站实现整合营销，在各个时空切片，根据消费者的 JTBD，清晰植入可口可乐产品功效，纵情表达可口可乐品牌理念，全面引发足球爱好者在足球相关场景的饮用行为，并养成习惯。可口可乐在全球 100 多个国家有效落地，对品牌的全球增长起到了非常好的促进作用。

如果没有需求存在，产品也就失去根基，成为没有价值的废品。但是，不是所有的需求都需要满足，我们必须对需求的容量做出判断。

02　赛道容量

重新定义赛道

需求洞察需要市场营销人员具备共情能力，深入消费者的生活中去看唤醒需求的场景，场景赋予产品以生命，然而即使有需求，也未必等于要实施市场进入。于是，品牌双螺旋从需求的人性洞察又转入理性的赛道容量判断。

在进一步展开讨论之前，我们先明确什么是赛道。在传统环境下，赛道的定义比较狭义，就是指产品聚合而成的"品类"，而大的品类组合在一起又构成我们所说的行业。是否进入某个行业或者某个品类，是投资人需要判断或者企业家需要决策的核心问题，市场营销中将其称为市场进入战略。

市场营销学的市场进入战略中对赛道有丰富的研究。比如用波特五力模型去剖析一个赛道是否值得进入，这已经变成了商学院和各个咨询公司的基本作业。进入一个市场时必然考虑其赛道容量，而赛道容量在传统意义上又称为市场规模，主要指目标产品或行业的整体规模，具体可能包括目标产品或行业在指定时间的产量、产值等。市场规模或者赛道容量，相当于品牌未来的地盘，其大小直接影响品牌生存空间。市场规模也可以理解为市场的极限值，规模亦反映出其赛道中可以容纳多少竞争对手。

然而我们认为过去以行业市场定义赛道规模的方式，今天亦需要得到调整与升级。10年前我们在给酒店行业做咨询的时候，看到行业市场一直以某个稳定的增速成长，而爱彼迎（Airbnb）打破了行业原有的空间，带给不断增长的中产阶级以及热爱旅游的年轻人群新的旅居选择。而当我们看到中国瓶装饮料市场亦走向一个平稳增长周期时，元气森林做出了破局。自行车这个传统赛道已经走入市场衰退期时，以摩拜和ofo为代表的共享单车企业却曾经将其带入一个爆发增长期。

换句话讲，数字时代赛道的定义发生了变化。赛道不再由产品、行业决定，甚至不是由市场决定的，而是真正从消费者的需求出发，是从情景中、从消费者的时空切片中挖掘出来的，不同情景下的需求的集合叠加出新的赛道的容量。传统的行业赛道估测缺乏微观的市场营销意义，而在不同需求定义下，赛道会发生显著变化，这当然也给市场战略带来巨大的想象空间——当品牌真正能做到从消费者的选择出发时，往往可以迈入广义的需求赛道，从而找到更大的增长空间。**我们这里对赛道做出定义——在需求的待办任务中所能看到的需求容量叠加的总和。**

当美团试图入局酒旅市场时，遇到的第一座"大山"就是携程。携程集中于两个业务情景：一是商务差旅，二是异地旅行。当时携程在这两个需求赛道上已经实现全方位封锁，"携程在手，说走就走"的广告语更是脍炙人口。避其锋芒，美团试图进军新的细分情景。除了跨区域的住宿，本地酒店消费是否也值得一试？进一步的调研显示，市场上确实存在这样的需求，特别是在非一线城市和较低端酒店里竟然有近半数的客源都出自本地，而且这个需求赛道竟然还没获得过多关注。对美团来说，这简直是天赐良机。自2013年起，美团立足平台强大的商家管理系统，先与携程展开差异化竞争，成功稳住三四线本地市场，然后逐渐反攻进入携程深耕多年的高星酒店领域，凭借低价 + 本地化的战略，美团迅速打开了局面。

注意，从一开始美团就没打算做"第二个携程"，甚至回过头看，美团在做酒旅业务时的对手也许根本就不是携程，也不是那些完全将酒旅业务作为主业命脉的在线旅行社。团购、外卖、购票等业务积累起的强大流量，成为驱动美团在酒旅赛道狂奔的核心力量，而在整个美团的本地生活服务体系中，酒店只是构成消费者完整生活情景的其中一个环节。以时空切片管理的"1+1"方法来分析，美团是以年轻消费者作为切入点，因为年轻人总有各式各样的社交需求，愿意走出家门消费；同时又复盘了一个出门的年轻人在一天之中可能开展的所有活动，如看电影、吃饭、逛街、玩桌游、住宿等。而从待办任务理论的角度来看，本地酒店消费正好能够满足年轻人在出门娱乐情景下的住宿需求。注意，酒店正是那个支点——在入住之前，年轻人可能会安排各种活动，而在从酒店退房之后，年轻人可能又会有其他的生活服务需求。以酒店为支点，美团撬动了生活情景全局业务，美团与携程最初望向的就不是同一片大海。

乐高也是重新定义赛道的典型案例。近年来，我们陆续收到过许多国产儿童玩具品牌的咨询需求，通过对这些需求的整理和归纳，我们发现基本上所有的儿童玩具品牌都希望凸显自己产品的益智和早教特点，甚至这个行业的一些头部品牌直接标榜有高技术的研发背景。在营销史上，第一个将玩具与智力开发结合起来的品牌就是乐高。乐高 1934 年诞生于丹麦，创始之初面对的就是竞争激烈的市场，玩具的入行门槛相对较低，市场上还没有诞生非常明显的头部品牌，如果当时乐高也和其他品牌一样，选择突出自己产品的可玩性或者有趣程度，基本也难以摆脱成为"炮灰"的宿命，更不用说成为全球的行业龙头。乐高的厉害之处就在于直接将品牌的价值主张上升到"激发和培养明天的建设者"。不妨在脑海中想象一个孩子搭建积木的情景，其实这就是一种小型的建设，而所谓"明天的建设者"，反映出来的就是一种能力强、素质高的领导者风范。众所周知，家长是选购儿童玩具的主要决策人。和为孩子购买一款好玩的玩具比起来，家长更希望能通过玩具更好地培养孩子的某些能力，乐高就是从这样的需求入手，为自己的产品赋予了教育的光环，这种积极的暗示对家长来说具有永恒的诱惑力。就像20世纪80年代在我国台湾掀起钢琴热的那句广告语"学琴的孩子不会变坏"，其实很难证明二者之间存在必然的因果联系，但是这种理念一旦被深深植入消费者的心智就很难磨灭。

我们依然从待办任务理论和时空切片管理两个层面考量，由前者出发，乐高解决的是童年情景下孩子的智慧与性格培养问题；由后者出发，乐高聚焦了消费者的童年时代，并着重聚焦于居家娱乐的时间段。乐高提出的全新理念，实际上是将自己的品牌从单纯的玩具赛道转变到益智玩具赛道，不仅帮助品牌从玩具市场的激烈竞争中脱颖而出，更提升了消费者的忠诚度和乐高的品牌整体形象，还为产品储备了一定的溢价空间。此后的80多年里，乐高一直紧密遵从这一路线，逐渐成长为世界级的行业霸主。这正如拉姆·查兰在《良性增长》⊖里说的，真正的良性增长是学会去定义消费者需求，从消费者需求中找到真正增长的机会。不受传统观念局限，真正从消费者的需求出发，差异化地切入赛道，往往能找到更大的增长空间。

　　⊖　本书中文版已由机械工业出版社出版。

更大赛道，更多机会

选择比努力更重要。在弄清楚赛道的含义并初步了解如何切入赛道之后，一个新的要点出现了：**务必尽量投身于那些体量足够大的赛道。品牌要进入赛道的视野，才具备客户价值与投资价值，而体量足够大的赛道，才能成为品牌茁壮成长的沃土，才具备更多可挖掘的需求**。大赛道，小切口，这样才能发掘出真正的品牌机会。

20 世纪 80 年代，正是日本企业在全球范围内争夺市场、如日中天之时。大量来自日本的产品进入美国市场，就连当时的通用电气也颇有些难以招架。正是在这样的情况下，杰克·韦尔奇提出了著名的"数一数二"战略，即通用电气必须在其每一个业务领域，都成为排行第一或者第二的市场领导者，如果成为不了，这个业务可能会关闭或者出售。杰克·韦尔奇担任通用电气 CEO 的 20 年间，前后有数十个表现不佳的业务遭到切割。当然也正是在这 20 年，通用电气得以高速发展，甩掉了一些沉重的历史包袱。国内的海尔、联想，包括一些体量庞大的央企，在转型、改革的过程当中，都或多或少地借鉴了这一战略。当然勇于切割表现不佳的业务的前提在于，企业进入的赛道本身体量就很庞大，实际上这给了企业筛选、甄别和自我迭代的余地。如果从创业之初企业就选择极其细分的赛道切入，一旦业务规模受损，后果很难挽回。本书作者之一王赛在《增长五线》中曾经提出影响企业发展的五条关键生命线：成长线、增长线、爆发线、天际线、撤退线，其中天际线就与赛道选择紧密相关。天际线指明的就是企业增长的天花板和发展的极致在哪里，关乎企业究竟能跑多远。只有当赛道的体量足够大，辐射的范围足够广阔时，企业才能拥有无边际的天际线。

红牛早已成为全球知名的功能保健饮品,"渴了累了喝红牛"的广告语深深影响了一代中国消费者。但是在红牛发展的早期,说一句命途多舛并不过分。1962年,天丝医药当时的CEO许书标开发出了红牛,这款饮品最初在亚洲市场上表现良好,但是在它进入欧洲市场之后,成绩惨淡。欧洲的消费者实在不太习惯这种颜色古怪、口感平淡,还带有一些草药味儿的饮品。当时红牛选择的是饮料赛道中的软饮料领域,比起红牛,人们显然更爱选择可乐、雪碧、芬达……

红牛的品牌掌舵人不得不重新思考产品的方向,在软饮料领域,人们已经对碳酸饮料建立起了极强的认知,而且也已经出现了世界级的大品牌,红牛的坚持显得有些螳臂当车。那么如果不和软饮料竞争呢?既然它含有如此高的咖啡因,提神效果也十分明显,从某种意义上来说,它就是一罐"合法的兴奋剂"。再加上略显小众新奇的口味,反而容易吸引爱标新立异的年轻群体——毕竟,任何时代的年轻人都觉得自己和"老家伙"不一样,他们希望拥有全新的符号,无论是语言、视觉效果还是吃穿用度,都能将他们与之前所有时代的人相区分。

于是红牛调整了产品的推广方向,在饮料的广阔赛道中进行品类切换,由软饮料改道功能保健饮料,价格更是比可乐贵。他们往红牛充入一定的二氧化碳,入口略带有清冽的气泡感,还重新设计了品牌视觉效果,将红牛包装为一款全新的产品,重新出现在人们面前。配套的宣传也都火速提上日程,从体育、影视、艺术到狂欢节,红牛密集赞助了大量年轻人喜爱的活动,不断强化自己的提神功效。此后红牛牢牢占据了功能保健饮料的龙头位置,一句"渴了累了喝红牛"更是在中国家喻户晓。注意,实现这一切的前提是饮料赛道本身就具备极大的开拓空间和价值。

这两年每日黑巧风头正劲，国内巧克力市场广阔，各种高、中、低端品牌层出不穷，各有各的生存方式。怎样才能找到庞大赛道中属于自己的机会？能否从零开始，在大赛道中挖掘一个新的细分品类呢？团队开始从消费者身上找需求，发现他们最大的痛点就是爱吃巧克力，但是担心热量过高，要是能有一款"吃不胖"的巧克力就好了。

经过调查研究，每日黑巧团队发现市场上没有能满足这一需求的产品，并且消费者对黑巧克力有着非常好的联想（健康、好吃、高端）。每日黑巧正是以此为切口，巧妙贯彻待办任务理论，清晰定义时空切片（每日）、细分品类升级（黑巧克力）。可见，只有当赛道体量足够大时，才有进一步拆解、细分的可能，正确选择赛道，可能比埋头苦苦研发更重要。

破局关键：具象化解构赛道

顺利进入赛道之后，又该怎样解构赛道，让品牌和产品在激烈的竞争中占有一席之地？现有的行业往往是以产品属性细分的，套用市场上已经存在的种种形态（如现有的行业分类、与竞品微差异化竞争）入局，看上去机会巨大却无法破局，所以我们必须以人为本，从情景出发，找到大品类、小切口（核心人群的迭代需求，并有大众化的"出圈"潜质）、高频情景（具有高使用率和复购率）作为突破点，具象化地解构赛道。

这是数字时代品类破局的关键。数字时代，改变的是消费者而不是核心价值，是演绎方式而不是核心内容，是思维方式而不是思维逻辑。在传统工业时代，销售情景更多地发生在产品端，比如百货大楼、连锁商超，所有的产品都集中在一个地方，消费者有需要就主动前去选购，这是过去的选择方式。进入数字时代，市场发生了变化，产品的种类和供应量都有极大的富余，消费者的购买力不断攀升，网络的高度普及也让下单变得分外便捷，这些因素相互作用成功培育出史上最"挑剔"的一代消费者。他们希望一旦有需求就能立刻找到产品，最好这个产品还能具备良好的使用体验、高颜值的设计和自带温度的情感价值观。整个消费情景越来越向消费者端和需求端靠拢，这是新营销的典型特征之一。在解构赛道时，品牌不妨多自省：我为消费者考虑得足够全面和精细了吗？

　　虎邦辣酱正是凭借具象化解构赛道，才得以从严密的心智封锁中破局而出的。2015年虎邦辣酱刚刚问世时，只是市面上众多佐餐酱料中的一员，它们共同的"强敌"唯有老干妈。经历30多年的发展，老干妈已经成为佐餐酱料界毫无疑问的"大姐大"，在消费者心智中根基深厚，甚至一度成为整个品类的代名词。尽管赛道上还有许多品牌和产品，但也只能瓜分老干妈剩下的一点地盘。

　　难道就一点机会都没有吗？通过市场调研，虎邦辣酱确认了两个关键信息：老干妈的确是当之无愧的赛道王者；根据不同省份的辣酱销售排行榜单，第二名存在很大出入，且品牌影响力都与老干妈有较大差距。围绕这些信息再做分析：众口难调，不同地区有各自的口味习惯和传统品牌，所以在某一地区深受喜爱的品牌，未必适合推向全国市场。那么，老干妈为什么能统一全国味蕾，甚至火到海外？因为它口味异常出色，早期由公路旁的小摊发端，走南闯北的司机和乘客无形中参与了产品打磨，让老干妈的辣酱变得既有地方特色，又能适应大部分地区的口味。就这样，虎邦对辣酱赛道做了具象化的解构：第一，辣酱赛道的第二品牌暂时空白，值得一搏；第二，瞄准全国市场，继续打磨产品，提升口味的普适性；第三，必须找到和老干妈不同的情景和模式，否则只是无意义地重复。辣酱的产品特性决定了它无法在餐桌上独当一面，必须依附主餐存在，最常见的使用情景就是摆在餐桌上，作为饭菜淡而无味或者想换换口味时的调味品。虎邦在想：除了这个情景还有什么能为虎邦所用呢？

外卖市场的火热让虎邦看见了机会。回看当年的数据，正是在 2016 年，我国在线餐饮外卖市场呈现爆炸性增长，交易规模约 1524 亿元，同比增长 232%。这么庞大的市场却还没有一款辣酱品牌化，于是虎邦决定将一切的资源都投入到外卖佐餐酱的细分领域，同时在产品和业务端发力。

针对产品，虎邦改良了包装，从传统的大玻璃罐改为轻便的塑料条装，定价下调至 3 ～ 5 元，以方便外卖用户随餐加点和凑单。外卖的特殊性在于，用户大部分配置都是"一菜一饭"，常见的黄焖鸡饭、盖浇饭等都是如此，一旦菜的口味不尽如人意，就会大大降低用餐的满足感，此时如果再想品尝其他菜肴，就需要重新下单等候配送，加购虎邦辣酱就是给外卖上一个"保险"，滋味不够，辣酱来凑。在业务端，当时大量餐馆涌入外卖平台，却在数字化的运营中不得其法，虎邦快速建立起商家协同运营团队，为外卖商家提供运营服务，帮助门店解决产品定位、菜品设计、价格设置等各种问题，甚至组织举办线下交流会无偿分享外卖运营经验，由此在外卖行业打开局面，不但实现铺货网点的快速扩张，而且与外卖商家成为关系紧密的"利益共同体"。虎邦辣酱的整个战略都建立在具象化解构赛道的基础上，从外卖情景出发找到佐餐酱料大品类下外卖佐餐酱的小切口，并确认外卖情景足够高频，最终找到了突围的破局点。

　　元气森林也是具象化解构赛道的典型。凭借王牌产品燃茶和气泡水，元气森林已经牢牢占据无糖茶饮和无糖汽水两个细分领域的头部位置，带飞整个品牌成为无糖饮料赛道的引领者。而值得业界思考的问题是——在燃茶和气泡水出现之前，国内市场上的东方树叶、茶里王和三得利乌龙茶，这些产品都以无糖作为主要卖点，且都背靠实力雄厚的大企业，为什么这些产品没能成为元气森林那样的引领者？

　　很简单，因为元气森林做到了无糖并且好喝。这届消费者注重朋克养生，既追求饮食的健康，又难以控制对甜的渴望。元气森林成功洞察到这种矛盾而微妙的心态，针对消费者的需求做了具象化的解构，提供无糖饮料作为解决方案。DST 前合伙人亚历山大·塔马斯曾经提出一个有趣的理论——"地缘性套利"，他认为世界从来都不可能达到所谓的"扁平状态"，而成功的商人往往能够率先利用信息落差谋得利益。放在元气森林身上，被利用的信息落差体现在对赤藓糖醇的使用上，这种代糖成分自带甜味，但几乎不被人体吸收，这同时满足了消费者对健康和甜的需求。习惯将低热量与"难喝"相关联的消费者，第一次感受到原来 0 卡饮料也能喝出"正常"的口感。小清新风的包装设计和相对合理的定价也深得年轻群体欢心，加入赤藓糖醇的燃茶与气泡水就此爆红，连带品牌也一路腾飞。2019 年全年元气森林销售额近 10 亿元，其中燃茶占比接近三分之一，气泡水则能占到六成以上。略做复盘，元气森林同样是从消费者选择健康饮料的情景出发，找到了饮料赛道中无糖饮料的小切口，配合反复购买的高频情景，成功从强敌环伺的饮料市场开辟一片天地。

如何计算赛道容量

　　前面我们都在讲赛道选择，其实就是先通过商业直觉找到大体量的赛道，然后分解出具体的需求情景和业务机会。但是好的生意不能只凭直觉判断，需要我们把直觉量化为可操作的生意决策，这就需要计算每一个具象情景的容量，得出整个赛道的规模和增速，最后做出科学的选择。赛道的选择决定了竞争的格局。

东阿阿胶是全国大型的阿胶生产企业，也是这一品类当之无愧的龙头。2016 年，东阿阿胶考虑是否应该进入多个赛道，走多元化发展路线，比如布局化妆品、燕窝补品、保健品等。每个赛道都会涉及容量计算，在为东阿阿胶旗下的桃花姬品牌做战略规划时，我们进一步归纳出三个计算赛道容量的重要指标，并配合三个步骤完成测算。

三个重要指标：

▶ 单个具象的容量：从清晰行业的情景入手，找准目标人群量，定标消费频次和使用量。

▶ 整个赛道的规模和增速：基于对未来的长周期判断，预估赛道的前景。

▶ 主要赛道容量：将数据投射在象限中观察，纵轴是不同情景力（规模容量、增速、利润率），横轴是企业竞争力。

了解了三个重要指标，下面讲三个步骤。

第一步：想完成拟定的顾客和业绩增长目标，首先必须找到与产品特性和品牌内涵相匹配的情景，再从情景中找到唤醒顾客需求的按钮。我们考察了所有顾客可能会消费桃花姬产品的情景，按照前文提到的痛点、瘾点、晒点概念提炼出 7 个主要的具象情景（见图 3-3），从情景出发找准人群，推动弹性需求刚性化。

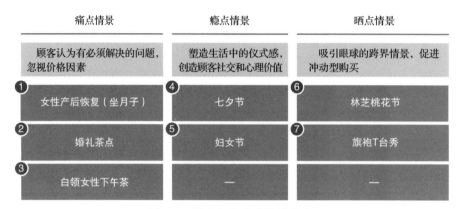

图 3-3   桃花姬的消费情景分类

第二步：明确了 7 大桃花姬消费情景，接下来需要逐个分析，得出每种情景的规模容量。以前测算容量，多是出于行业宏观视角，但是存在人群重复和业绩转化的问题。现在我们借助待办任务理论：既然每一个产品的核心都是满足顾客需求，那就从需求以及需求所对应的情景来看每个部分的规模，将具体的产品恢复到使用它的情景之中。通过对图 3-4 中 6 个问题的梳理，即可测算出某一情景下的规模容量。将笼统的赛道拆分和转化为消费情景，能够让赛道容量变得可衡量。

在七夕节、妇女节这两个情景下购买桃花姬，主要目的就是节日赠礼，购买方式可能是女性自购、男性赠送、公司采购，女性可能会在公司、家中或逛街购物时收到产品。经过调查，我们提炼出两个数据指标：全国 20～40 岁女性总体 2.322 亿人，消费群体按照占 30% 计算约为 6966 万人；全国 20～40 岁非单身人群有 1.74 亿，按女性占一半来计算，潜在顾客约有 8700 万人。[一]而在产后恢复期场景，消费桃花姬的主要是照顾产妇的家人，希望能帮助产妇尽快恢复身体机能。全国每年

<hr>

　　一　2021 年数据。

约有 1500 万名产妇，其中 38% 的产妇选择在月子会所、护理机构或请月嫂陪伴坐月子，这部分视为高潜力顾客，数量约有 570 万名 / 年。一旦能将情景和需求拆分到这个程度，我们就可以通过测算来得出不同赛道的容量，以及所有主要情景的规模容量的总和，基本就能反映出品牌和产品的发展前景。

情景1：女性产后恢复（坐月子）

	什么人（who）	什么时候，什么情况下（when）	什么地点，什么环境下（where）	发生了什么事情（what）	为什么与品牌有联系（why）	怎样与品牌建立联系（how）	规模容量（how many）
食用者	产后42天内的产妇	产后42天内	月子会所、一二线城市家中	试图恢复身体机能	桃花姬的安全性信任，良好口感和味道	阿胶糕对产后恢复的证言与内容	全国产妇约为1 500万名/年，高潜力顾客为570万名/年
购买者	家人	产前	月子会所、一二线城市家中	照顾起居，为产妇提供良好饮食	了解和信任阿胶的功效	阿胶糕对产后恢复的证言与内容	

图 3-4　桃花姬消费情景分析举例

第三步：将 7 个情景进行优先排序，按核心、流量、形象、长尾分类并配以不同权重，确定获取目标顾客的预期导入比率分别是多少，以便将顾客目标分解至情景中去（见图 3-5）。根据我们的测算，七夕节、产后恢复和婚礼茶点 3 大情景，是桃花姬必须切入的重要环节。

这套分析逻辑意味着，品牌必须从传统的品类分析视角转为消费者需求视角（如桃花姬对应的女性健康需求），然后通过 JTBD 发现更广阔的赛道，在进一步计算和分析，排除优先级之后，就知道要从哪里切

入、哪里是必争之地、哪里可以稍微放松了。象限中折射出的是赛道整
体格局与品牌的"行军路线"。

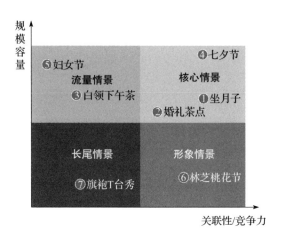

图 3-5　桃花姬消费情景排序

　　在这一章中,基于品牌双螺旋的智情双轨驱动品牌成长的理念,我
们既分享了身处数字时代如何将 JTBD 和 3M 理念融合,与时俱进地做
好需求洞察,还结合实战案例谈及如何对赛道展开判断、分析和衡量,
尤其注重构建和度量用户满意的选择区间。这一章是品牌双螺旋启动后
的关键枢纽,它把使命初心具象化,同时需求本身又是启动品牌化的基
础,而关于真正进入市场之后的种种决策和部署建议将在下一章中进一
步阐释。本章的最后,我们想讲一个关于 JTBD 和 3M 的故事。

　　2016 ～ 2018 年,中国智能硬件市场最热的产品品类是智能音箱,
诸多巨头不惜代价进入,而这场战争打下来并未出现当年各大巨头所期
望的景象。回想各家当年所诉求的卖点——"您的家居人工智能伙伴"
并未引起用户需求的广泛共鸣,其中一个重要的市场导入问题即各家采
取的是行业进入视角,而真正渗透进去的用户却更关心智能音箱使用的

场景，即购买与使用智能音箱解决自身的何种问题以及在典型一天中智能音箱扮演何种时空切片的角色。比如一天中的多任务处理时刻（同时处理两件及以上事情，体现为忙碌状态时）、娱乐时刻（纯娱乐时光）、无聊的闲暇时刻（空闲时没有明确目的的行为）、伴随性场景时刻（在进行一件不紧急的事情的同时，进行着另一件事）、社交时刻（与家人、朋友、宠物相关的交流活动）、突发需求时刻（突然出现的新需求，非意外）、紧急时刻（突发意外状况）、常规时刻（每天或固定时间会做的固定的事情）。

只有进入情境和生活形态中去唤醒需求，所谓的"您的家居人工智能伙伴"的品牌定位才有意义。这些关键结论是事后耗费巨额资金调研回溯得到的，也是真实用户使用智能音箱的真实数据与情景反馈。没有进行"真需求""好需求"的品牌定位和品牌高维建设，是对市场营销资源最大的浪费。

| 本章小结 |

▶ "用户满足"是品牌塑造成长的"破局点"，只有实现这一点，企业才能真正在市场上找到突破口，将使命初心转化为市场上可以实践的价值方案。从使命初心到用户满足，这是一个将自我精神转入客观价值的过程。

▶ 需求洞察是从人性的底层欲望开始的，明确细分用户，明确情景，也明确解决的问题，最终找到真正的需求：用户的痛点（功能需求）、瘾点（情感诉求）、晒点（社交货币）。

▶ 数字时代，品牌必须从"以消费者为中心"细化到"以消费者的决策或使用为中心"。

▶ 待办任务理论认为，真正的需求洞察必须从情景出发，找到消费者要解决的问题——不仅仅是推出产品，更多的是要用产品解决某种情景下遇到的问题。

▶ 如何找到真正有价值的待办任务？可以运用时空切片管理的"1+1"方法，帮助品牌发现有意义的消费者时空切片：既从消费者生命周期中寻找时空切片，为消费者匹配不同的产品或业务，又在消费者典型生活的一天中寻找时空切片，目的是发现消费者高频的刚性需求点。

▶ 重新定义赛道：在需求的待办任务中所能看到的需求容量叠加的总和。

▶ 整个消费情景越来越向消费者端和需求端靠拢，这是新营销的典型特征之一。在解构赛道时，不妨多自省：我为消费者考虑得足够全面和精细了吗？

▶ 计算赛道容量的三大重要指标：单个具象的容量、整个赛道的规模和增速、主要赛道容量。

第 4 章

市场破局

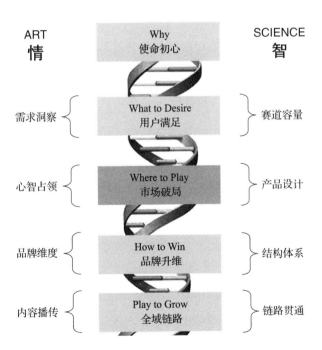

ART
情

SCIENCE
智

Why
使命初心

需求洞察 — What to Desire
用户满足 — 赛道容量

心智占领 — Where to Play
市场破局 — 产品设计

品牌维度 — How to Win
品牌升维 — 结构体系

内容播传 — Play to Grow
全域链路 — 链路贯通

这一章，我们将进入品牌双螺旋的第三个层面——市场破局。如果说使命初心是精神引领，是品牌双螺旋的起始点和势能点，用户满足是依据需求中产生的机会以及这种需求集合成的赛道大小来判断是否要进入市场，那么品牌双螺旋的第三层市场破局，则是分析企业占领何种心智并以何种产品进入。品牌双螺旋依旧以智与情共同驱动品牌成长，这一章将围绕"心智占领"和"产品设计"两端，阐述今天品牌与心智之间联结的新范式，以及如何在心智层面让产品呈现出来。

01　心智占领

心智占领与定位

讨论完赛道容量之后，我们进入心智占领。前者是理性逻辑，从宏观考察各个维度，帮助创业者解构现有需求空间，从需求出发科学地选择赛道；后者是感性觉察，从微观探视消费者的心智中是否还有空间植入品牌，帮助品牌重新定义位置点，建立心智第一性。**所谓心智第一性，即此品牌唤醒消费者心智，成为第一选择。**如果说赛道解析的是需求空间的大小，那么心智占领看的则是在其需求区间下，品牌可以产生的机会。

市场上有诸多判断企业是否有商业机会的方法，比如著名的波士顿矩阵、麦肯锡矩阵、营销领域的市场3法则。美国著名营销学教授杰格迪什·谢斯在《3法则》[⊖]中提出"3法则市场结构"——在没有政府过度干预的情况下，成熟市场中将创造出一个相同的市场结构，即在某一

　　㊀　本书中文版已由机械工业出版社出版。

市场下由 3 个最重要的企业以多种方式彼此之间展开竞争，它们提供许多范围广泛的产品和服务，为大多数重要的细分市场提供服务。在 3 法则下，其他企业要么变成"市场专家型企业"，要么变成"产品专家型企业"，否则会落入谢斯所言的资产回报率极低的"壕沟陷阱"。但是市场机会不等于心智机会，心智机会更多反映在品牌竞争层面。

心智研究的理论基础是市场营销学的微观基础——消费者行为，本质上是研究从消费者需求唤醒到品牌购买决策之间的"心路历程"，是对消费者围绕需求而产生的认知、记忆和信息处理偏好的营销策略洞察。定位理论本质上产生于此土壤之中，由美国著名营销专家艾·里斯与杰克·特劳特于 20 世纪 70 年代提出。两位专家认为品牌的核心就是能用一句话表述它与竞争对手之间的区别，而定位是一个能迅速进入顾客潜在心智的核心概念，所以里斯最开始把定位称作"Hard Rock"，意思是"立在竞争对手心智中的坚硬岩石"。定位理论又关系到两个重要的定义：第一个是客户心智，就是品牌的差异化能不能得到客户的认可，首先要从客户的心智入手；第二个是核心概念，就是要从客户心智中的若干核心概念里找到适合自己品牌的概念，而且最好是无人涉足的或者竞争对手不强的概念，牢牢占据核心概念是营销中的重要环节。

定位理论有两个最基本的背景：一是用竞争作为理论支持，而心智战场是竞争的一个重要战场；二是有很多心理学的分支都在研究消费者购买的心智规律。里斯和特劳特进一步提出消费者在购买环节中具备的五大思考模式：消费者只能接收到有限的信息，消费者喜欢简单而讨厌复杂，消费者缺乏安全感，消费者对于品牌的印象不容易轻易改变，以及消费者的想法容易失去焦点。所以企业要先从消费者的心智中找出一个空间，然后通过一些后续手段不断地引导他们，占领消费者的心智空间。企业应主动出击引导消费者，而不是被消费者所引导。可以认为定位针对的是最基础的消费者行为，比如消费者常因为市场上可供选择的产品过多而纠结、疲惫，陷入"选择暴力"。所以企业需要借助定位理论来帮助其快速决策，降低选择成本，然而定位理论只是在不同品牌的竞争中帮消费者简化决策，并没有放入"需求—场景—行为"的整体决策链中。

里斯和特劳特在《定位》一书中写道："超市的规模越来越大，如今一家普通超市可以摆放 4 万种商品。相比之下，普通人的词汇量只有 8000 个而已。"里斯和特劳特进一步发现，定位是指产品要在未来潜在消费者脑海中形成一个合理的战场和位置。只有先在消费者的心智环节中进行有效的区隔，并占据有利的战略地形，才能获得最终决战的先机。最典型的是消费者到终端（比如超市）购物，可能会面临纷繁复杂的选择，于是有两种选择机制——一种机制是由渠道推荐，或者随机拿一个产品，这还只是"销"的概念；另一种机制是在前往货架购买之前，已经早在消费者的心智当中确定要买哪个品牌，渠道只起到帮助消费者实现便利性购买的作用，这个战场就是"营"的战场，其核心就是经营的心智战场。

在心智战场上出现了品牌的一条法则，叫作"认知大于事实"。我们可以举个例子说明：提到世界上最安全的汽车品牌，大家第一个想到的可能是沃尔沃。早在一百多年前，沃尔沃品牌创始人古斯塔夫·拉尔森就曾提出这样的使命初心："我们所做的一切都必须始终立足于一个指导原则，即保证驾驶者和乘客的安全。"1926 年，沃尔沃开始在新车上市前进行撞击试验，由此树立起安全轿车的形象，至今已近一个世纪。但事实是在汽车领域中还有很多公司大力提升安全性能。

比如，本田有很多广告都是打的安全牌；日产也宣传安全，表示自己的汽车被美国国家公路交通安全管理局（NHTSA）认为符合五星安全评级要求，而且大量的安全测试也证明它安全性很好。但是大部分的消费人群一提到安全性，还是首选沃尔沃，可见定位就是攻占消费者的心智，让自己的产品、企业和服务，在消费者心智的某个环节中成为第一选择。

然而国内部分企业却陷入"定位僵化"，比如瓜子二手车说自己"销量遥遥领先"，竹叶青定位"高端绿茶的领导者"，香飘飘"一年卖出三亿多杯，杯子连起来可绕地球一圈"。这种"领导者"的说法听起来非常厉害，其实却陷入"定位僵化"的陷阱——用户不会因为你是领导者，或者你的销量遥遥领先就选择你。里斯和特劳特在《定位》一书中写道："历史表明，一家企业之所以成为领导者，是因为它率先做了某些事情，而不是靠自封为领导者。"

我们也必须强调，心智定位是品牌形成的基础，但不等于就是品牌，品牌对名牌的本质超越在于消费者对企业价值观存在共鸣与偏好。正如菲利普·科特勒评价定位：营销的边界远远超过品牌，而品牌所涉及的广度和深度又是远远超过定位的。[⊖]心智定位是一箭穿脑，而品牌要达成一箭穿心，这个问题我们会在第 5 章重点解答。

21 世纪初，里斯在定位的基础上提出了"品类战略"，他在《品牌的起源》一书中提到：商业发展的动力是分化，分化诞生新品类，真正的品牌是某一品类的代表。消费者以品类来思考，以品牌来表达。品类一旦消失，品牌也将消亡。品牌起源于分化，分化成品类。里斯认为建

     ⊖　原话是 "Marketing is far more than branding and branding is far more than positioning"。

立强大品牌的操作方案并非从品牌本身入手，而是从品类入手，通过切入品类来建立强大品牌。品牌仅是营销中直观可见的部分，品类才是隐藏在背后的关键。必须指出的是，这里讲的品类，其实是在心智中被重新定义过的品类。2014年，戴维·阿克提出"品牌相关性"——品牌有两种竞争方式：品牌偏好竞争和品牌相关性竞争，亦提出要创建新品类和子品类。2017年，硅谷咨询公司Play Bigger的三位创始人和凯文·梅尼推出作品《成为独角兽》，他们发现品类王通常占有所属品类76%的市值。所以企业需要创造一个全新的游戏——定义新品类，发展它并主宰它。如果你认为拥有好的产品就能赢，那你很可能会输。

心智品类是消费者做决策时的最简化认知点，它可以像树木一样按照枝干进行分化和衍生。如果品牌在某个品类能够成为消费者的第一选择，那么该品牌会获得巨大的认知势能，比如提到"第三空间"就会想到星巴克，点外卖用饿了么，过年送礼选脑白金。"成为第一名"是进入消费者心智的最佳通路。

近些年，国产护肤品牌开始强势崛起，其中林清轩更像一个"异类"，比起许多品牌广泛的产品布局，林清轩始终高度聚焦山茶花油护肤这个品类。2013年，林清轩推出主打"滋养肌肤"功能的山茶花润肤油；2017年，林清轩迭代推出山茶花润肤油2.0，润肤功能实现了吸收力、修护力和锁水力的全面提升；如今山茶花润肤油已经发展到3.0版本，并通过了欧盟ECOCERT天然化妆品评测认证。为了不断提升山茶花润肤油品质，林清轩自主把控核心原料的供给，在浙江、江西等地设立上万亩⊖的山茶花基地，保证了核心原料高山红山茶的高品质。同时

⊖　1亩 = 666.67米²。

林清轩在产品上建立了自己的科技优势，组建高端研发团队，钻研中国特色植物红山茶，在山茶花护肤科技领域达到国际领先水平。林清轩还相继推出山茶花时光修护柔肤液、山茶花时光修护精华霜等多款爆品，围绕山茶花油这一核心开辟出更完备的产品矩阵。经过多年耕耘，林清轩不但开创出山茶花油护肤品类，而且牢牢占据了山茶花油护肤赛道的第一名。2021 年"双十一"期间，林清轩全周期、全渠道销售额突破 2 亿元，整体业绩达到 2020 年同期的 143%，线下业绩累计上亿元，增长超过 20%，门店业绩最高突破百万元。

再看一个违背心智品类的反面案例。ThinkPad 品牌发源于 IBM，1992 年推出了第一台笔记本电脑，它的黑色外观设计和键盘上的 TrackPoint 红点成为品牌的独特象征，一度牢牢占据商务笔记本品类首位。可是 ThinkPad 被联想收购之后，为了扩大受众群体采取了降价策略，对品牌和产品进行大众化改造，包括改动经典的工业风设计，丰富外壳的颜色搭配，还邀请了与品牌调性不符的年轻艺人代言，逐渐将自己独特的优势和形象模糊，以至于现在提到商务笔记本时，消费者首选变得没有定性，ThinkPad 丢失了原有强势的心智战场。

心智上品类和待办任务的第一性

正如我们在第 1 章中所揭示的，如今丰饶经济下消费者选择与购买品牌往往是置身在场景中，品类往往是跨界的，所以以前品牌要建立品类中的第一，如今则要转化为建立在需求场景中某种解决方案的第一——在某个情景（消费者时空切片）下，消费者任务完成、需求满足的第一联想品牌。缺乏需求的品类，是一个干涸的市场，不具备营销的意义。心智第一性建立的原点如图 4-1 所示。

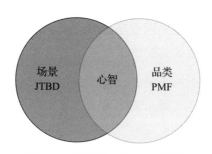

图 4-1　心智第一性建立的原点
注：PMF，即产品 – 市场匹配理论（Product-Market Fit）。

　　心智第一性如今需要建立在场景 JTBD 的品类中。换句话讲，如果一个品类不能以消费者的待办任务为基础，那么所属品牌即使在心智中变成某个品类的代名词，也没有市场意义。而当我们从这个角度去看时，发现航班上争夺消费者时间的品类变成了机场售卖的图书、手机、电脑以及机舱座位前的航空杂志。

　　星巴克向来被视为全球最佳的咖啡企业之一，可是它售卖的一定是最优质的咖啡吗？很多精品咖啡馆选用的咖啡豆，从产地、品质、香气到滋味都要胜过星巴克，更不用说星巴克的烘焙和轻食，难以匹敌面包房每日新鲜出炉的面包和西餐厅的美味。那么星巴克的优势在哪里？就在于它可能是世界上最知名、分布最广的"第三空间"，这是星巴克在场景待办任务下的心智选择。也就是说，当消费者要找一个第三空间喝咖啡，或者想要在喝咖啡的时候办公、洽谈工作时，他们的心智中会首先冒出星巴克。从这个意义上讲，星巴克和瑞幸虽然都属于咖啡的心智品类，但是作为消费者选择的场景，其待办任务完全不同。

　　在航班数据服务领域，飞常准是商旅人士的必备 app。从单一的航班起落查询到开拓出的整个商旅业务链条，飞常准牢牢占据了民航出行准点查询的关键场景。诞生之初飞常准就瞄准向商旅人士提供"信息供应服务"这个待办任务，用户可以通过飞常准查询详尽的航班信息，包括起飞、到达、取消、延误、备降等信息，以及航班晚点或延误的原因。截至 2021 年年底，飞常准客户端下载量已超过 2 亿次。

也有一些品牌，在牢牢占据某个待办任务的场景之后，出于某些原因主动退出，然后被对手占据了阵地。20 世纪 90 年代，进入中国市场的红牛豪掷 2 亿元广告费，将一句"渴了喝红牛，困了、累了更要喝红牛"牢牢植入国人的脑海，在能量饮料市场上一家独大，一度成为品类代名词。2009 年，东鹏对标红牛推出"东鹏特饮"，将价格设置在 3.5元的低位，希望通过比红牛低了近一半的价格从下沉市场突围。可是出于种种复杂原因，红牛主动放弃了使用近 20 年的广告词，并改为"你的能量超乎你想象"，后又改为"你真牛，红牛挺你"，完全脱离了原来能量饮料的应用场景，而东鹏反倒抓住时机打出"累了困了喝东鹏特饮"的口号，迎来了业务的强势增长。2021 年，东鹏特饮在我国能量饮料市场销售量占比由 27% 上升至 31.7%，超过红牛成为我国销售量最高的能量饮料。

综上可知，从待办任务的维度去看第一性才是今天的心智战场，当然品类也是一个心智维度，在品类维度，我们倡导以产品 – 市场匹配理论为基础来看品类，否则脱离需求的品类就成了"伪品类"。PMF 这个概念由马克·安德森创造，定义为"找到一个好的市场，并能够用一个产品去满足这个市场"。在 PMF 的基础上判断品类，品类才有意义。

从心智中找到机会

再次强调，心智定位本身是源于消费者行为，所以回到消费者决策的原理中去，定位原理才能有本质和新意。我们认为，想要找到心智新机会就需要绘制消费者现有的心智选择图——消费者选购商品的本质是在为自己的需求寻找任务解决方案，与企业的决策链路一样，都有一套自洽的决策逻辑。品牌要学会找到并占领消费者决策链路中的分化点，如果这个分化点没有机会，可以考虑开创一个新的分化点或者占领关键属性。我们将从心智分化点中判断品牌机会的步骤概括为心智调研、需求确认和机会判断，同时还将分析各个品牌在消费者心智中占据的位置点，也就是心智锁定。

首先是心智调研。心智调研必须先找出消费者的心智分化点，即当消费者做决策时，按照心智分化的思维逻辑可能存在哪些场景、品类和特性。这些场景、品类和特性必须能够直接指向需求满足或者购买的驱动力，而这一环节最重要的莫过于一定要从消费者的购买行为角度看场景中的品类分化，而不是站在品牌的立场。

图 4-2 是运动服赛道的心智分化点。消费者挑选的运动服分为三个品类：普通品类、休闲品类和专业品类。后两个目的性较强，也各自有发展比较成熟的品牌。比如在户外运动领域中端有北面，"高端户外"领域始祖鸟占据绝对优势，其被称为"户外领域的爱马仕"，品牌受众也非常稳定——这些消费者希望自己穿上的是最贵、最好的户外运动服，甚至很多始祖鸟的消费者根本不是运动人士，买始祖鸟的直接动因是"有面子""贵"，满足其在社交场景中的需求。如今始祖鸟已占据高端户外运动服领域这个待办任务场景需求的第一性。

相比之下李宁的定位显得较为模糊。2007 年，李宁高调启动了品牌重塑计划，其中最具争议的就是一组"90 后李宁"广告，这组广告一出直接将品牌与当时的主流消费群体"70 后""80 后"割裂，消费者感觉自己正在被所爱的品牌抛弃甚至背叛，由此造成用户流失、股价大跌。

直到 2018 年纽约时装周，李宁才以一组新锐的"中国李宁"设计重回大众视线，在此期间李宁官方微博发布的一条展示时装周走秀款的带图微博，转发久违地冲破了 2 万次。李宁找到的心智分化点是"中国体育"：运动在设计上也存在东西方之分，顺应国潮大势，进一步强化中国体育的内核精神，打造中国本土的潮流体育品牌，重新突围崛起。

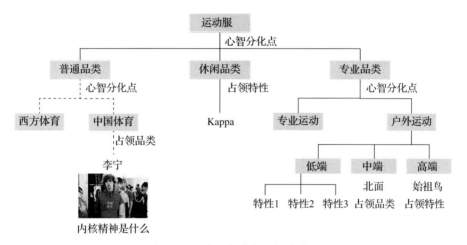

图 4-2　运动服赛道的心智分化点

前文提到的"累了困了喝东鹏特饮"，还有"怕上火喝王老吉""经常用脑，多喝六个核桃"，这些其实都是待办任务理论的典型例子，在饮料消费市场中根据消费者行为找到心智分化点，并预设一个最具痛点的消费场景，以驱动消费者购买。

品牌在心智调研之后需要再次确认需求。找到心智分化点后，必须先确认分化出来的品类或场景是否存在需求，以及需求赛道的大小，这就回到了我们上一章所提及的对赛道的计量方式——切割出不同的场景（待办任务单元），计量需求赛道的大小，并进行取舍。如果需求不存在或者需求不大，就没有深挖这个心智分化点的必要。

最后一步是机会判断。找到了心智分化点，也确认了需求存在，这时候就要观察分支的竞争局势，判断是否存在以下三种机会点：有心智空间，但主要的驱动特性未被占领；有形成品类和待办任务的空间，但无心智领导者；有巨大需求，但没有解决问题的产品和品牌。机会判断后，我们就可以着手进行心智锁定。

第一种机会可概括为心智中有，特性空白。真功夫历经三十余年，从东莞国道旁的小餐馆，成长为行业前五、门店遍布全国 40 多个城市的大型餐饮品牌，广告语"营养还是蒸的好"火遍大江南北。在品牌由"双种子"完成转型后，真功夫在重点城市加大布局力度，直接向其他品牌发起挑战。通过广告语将自身产品"蒸"的特色与"营养"牢牢绑定，从心智层面对以煎、炸、烤为主的快餐实施降维打击，并将这种印象潜移默化地输送给消费者，不仅打响了名气，还收获了一批忠实用户。实际上，"蒸"的烹饪方式较其他方式更为健康，这种观念原本就存在于消费者的心智当中，只是真功夫首度将其作为一个核心卖点推出，填补了这一特性的市场空白，并形成了自己的占位优势。

第二种机会属于市场中有，心智中无。这种情况是产品已经出现，但还没有品牌能精准切入消费者的心智。作为吸油烟机赛道"双雄"，老板与方太在消费者心智培养的方向上有很大差异。消费者在选择厨房电器的过程中，思考模式是选择吸油烟机、灶具等具体产品，其中吸油烟机是最核心的品类，其他产品配套购买。方太多年来的营销路线都在不断诉求高端，不断向消费者传递情感价值观，宣传生活的幸福感，但实际上消费者在选购吸油烟机时，最重视的还是抽油烟的效果。所以老板在宣传中聚焦消费者最关注的决策因素，不仅将"大吸力"直接加入产品名称，更拍摄了"老板吸油烟机进入大吸力时代"的配套电视广告，最终得以将产品"大吸力"的特点深深植入消费者心智。

对新品牌而言，这种机会称得上是巨大利好，给它们的成长提供了巨大的增量空间。漱口水这一品类在我国已经发展多年，但是国内消费者仍然习惯用牙膏清洁口腔，这条赛道一直未能有进一步发展，更不必说出现占领消费者心智的领导性品牌。国内的新消费品牌 BOP 就瞄准了其中的空位。在初创期 BOP 自我定义为新一代年轻人的美妆品牌，洞察到如今人们越发地注重自身的形象，不仅包括妆容和衣着，清新的口气也成为个人形象的必备因素。同时，受全球新冠疫情的影响，人们对自我健康的防护也越发严谨，漱口水被赋予了守卫口腔健康的重任。BOP 的思路是用高颜值的设计和便携式的体量，来重塑人们对漱口水的认知，试图成为这个待办任务的心智第一，将目标人群的核心口腔需求总结为"美丽不能有盲点"。漱口水可以在居家环境下使用，也可以放在办公室使用，更可作为美丽加分秘诀随身携带。截至 2021 年 6 月，BOP 已经累计完成四轮融资，并在 3 个月里连续获得天猫新锐口腔护理品类第一名。

第三种机会，有巨大需求，但没有解决问题的产品，这是开创新物种的绝佳机会。美图秀秀诞生时就是修图软件市场的新物种。当时被广泛使用的修图软件只有 Photoshop 和光影魔术手，但是前者操作烦琐，需要一定的基础，后者也有较高的使用门槛。同时美图秀秀创业团队发现，大量"90 后"特别喜欢在 QQ 空间等社交平台上晒出自己的自拍，这部分人群一定会存在修图的需求，于是新物种美图秀秀诞生。它不仅具备基本的裁剪拼图等功能，而且自带各种美颜滤镜，相当于在修图软件的赛道里开辟出一个"简易修图"分化点。由一款软件起家，2020 年美图公司估值已达 20 亿美元，新物种背后潜力无限。

再次回顾一下，我们在心智定位上画了两个圈，左侧圈是场景，是消费者购买或者使用产品的待办任务，即 JTBD，右侧圈是我们过去所说的品类，但是我们强调这个品类是以 PMF 为基础的，这两者构成的心智第一性才是有效的心智。

另外需要强调的是，过去市场营销领域的一些专家认为科特勒只看重需求，不关注消费者心智，这其实大错特错。科特勒强调市场地位是兵家必争之地，并进一步把市场地位的确定分为三个维度来审计——心智份额、情感份额以及市场份额。其中心智份额是指特定行业中将公司或品牌视为心中首选的消费者比例，情感份额则是指更倾向于选择公司或品牌的消费者占比，市场份额会对心智份额与情感份额做出反馈。科特勒认为，那些能稳步获得心智份额与情感份额的公司必将赢得更多的市场份额与更高的利润率。对于心智份额，我们在本章引出，而关于品牌应该建立的情感份额，我们会在下一章中以"新品牌五度"来展开说明。

02 产品设计

品牌双螺旋中智的一侧定义了清晰的心智定位，还需要情一侧的产品设计共同作用。不同的时代对产品力有着不同的定义。在传统工业时代，产品仅仅是能满足人们某种需求的物品或者服务，建立在企业优势、心智关联、触手可及、信任喜好等的基础上，最终达到高效率的目标。

进入"互联网＋"时代，原有的产品已不足以满足消费者的新需求，消费者需要极致打磨出的"超级产品"，为他们提供超越预期的惊喜。工业时代的好产品根据"能做什么"和"做好什么"定价，当下的超级产品则由消费者需要什么和品牌能做什么来定调。相比往日产品从心智、渠道到喜好的消费者触达过程，当下迅速"飞升"的超级产品的声量已不可同日而语，这不仅是效率的问题，更是规模的问题。

什么是产品

这里依然先回答最基础的问题：什么是产品？**我们认为，产品的本质就是满足消费者的需求解决方案。识别消费者的需求以及判断品牌应该满足哪些需求，就是产品设计的核心议题，也是使消费者满意的关键因素。**

产品的设计必须从需求识别和心智占领开始。在第 3 章中我们强调，当下的需求不再来自特定的人群，而是这些人购买与使用产品的具体情景，因此品牌必须从"以消费者为中心"细化到"以消费者的决策及使用为中心"。在前面我们也提到了产品—市场匹配理论，其实就是要找到市场需求与产品相契合的点。好品牌需要一个核心"大单品"作为抓手，精心打磨，为消费者带来超越预期的体验，同时提供一整套To B+To C 的解决方案。

六步心法打磨"核心大单品"

早在 20 世纪初，意大利统计学家、经济学家维尔弗雷多·帕累托就总结出了"二八法则"：80% 的社会财富由社会中 20% 的人掌握。他也由此做出进一步延伸：在任何特定群体中，重要的因子通常占少数，不重要的因子则占多数，因此只要控制那些更加重要的少数因子就能控制全局。

核心大单品，正是品牌发展中绝对的"重要因子"。可口可乐曾在全球范围内布局名为 Freestyle 的自助饮料售卖机，搭载了林林总总近150款产品，加上消费者自助调配环节，最终饮品口味多达227种。在这200多种口味中，卖得最好的单品依然是最常见的经典可口可乐、无糖可口可乐、健怡可口可乐、雪碧、橘子味芬达和美汁源柠檬水，这6大单品占227种口味总销量的比例超过50%。可见，你的品牌即便给予消费者再多选择，核心大单品依然能脱颖而出。

那么，怎样的产品才有资格被称为核心大单品？首先，它一定要能在某一品类中绝对占据消费者心智，具体而言，就是必须在人气度（Popularity）、渗透率（Penetration）、单店日均销售（Per Store Per Day）、核心人群复购率（Purchase Repeat）和铺货质量度（Placement）这五"P"的维度上1.5倍领先于位居第二的竞争品。

核心大单品的标准之所以如此严格，是因为它在品牌发展的过程中扮演着极为重要的三重角色。第一，它会成为品牌面向全体消费者的广告牌。核心大单品能为品牌带来源源不断的消费者，并推动他们形成品牌偏好，再将消费欲望分配给品牌的其他分支。因为某款核心大单品初次接触到品牌，再成为旗下全系产品的长期使用者，这是近两年常见的拉新留存思路。第二，核心大单品又是撬动渠道的支点，尤其当品牌准备进入线下渠道时，在货架空间极为有限的情况下，核心大单品将成为整个品牌生死攸关的决定性因素。第三，核心大单品也是增长的效益池，能够带动品牌整体实现可持续的增长和创新。不论市场如何变化，这三点可以说是核心大单品不变的真理。

那么，究竟有没有一套跑通的方法论，能帮助品牌成功孵化出自己的核心大单品？经过历经多年的实战积累与市场总结，我们归纳出核心大单品六步心法：选战场—抓需求—创卖点—筑惊喜—勤打磨—塑爆品（见图 4-3）。接下来，我们将一一做重点阐释。

核心大单品六步心法：旧元素、新组合

图 4-3　核心大单品六步心法

第一步"选战场"：长周期基本款升级

打磨核心大单品第一步，就是要挑选合适的战场。首先，找到一个市场规模大、头部竞争分散的赛道，才能让产品养得活、长得大。规模过窄、天花板过低，难以满足品牌凭借一款产品开疆拓土的野心；头部竞争激烈时，新生品牌又极易沦为炮灰。其次，要学会在大赛道中找到那些需求明显、渗透率低、增长快的小切口，有针对性地先满足一部分需求，先内后外、避其锋锐才能自成一派。再次，这块战场理应具备高附加值，它所聚焦的核心人群能够产生产品迭代的需求，且能实现高频复购。最后，这样的需求一定是真需求，即足够底层且具有长周期性的需求。这四条"战场挑选法则"，合力为核心大单品的养成提供了肥沃土壤。

2017 ～ 2021 年，薇诺娜发展迅猛，其母公司贝泰妮营收从 7.98 亿元上升到 40.22 亿元，2022 年更是实现上半年同比增长 45.19%。如果我们将时间回溯就会发现，一直到 2015 年前后，国内功能性护肤市场都还是由雅漾、薇姿、理肤泉三分天下。薇诺娜能在短短几年内脱颖而出，很大程度上源于其清晰的战场锚定。从规模 3000 亿元的护肤品行业切入，找到其中占比仅 5.5%，但是增长率高于全行业的功能性护肤品切口，确定敏感肌人群存在不断增长的护肤需求，且因为特殊的肤质用户很少频繁更换品牌，在他们对某一产品建立起信赖之后，往往能带来高口碑和高复购率。同时，这种追求皮肤健康美的需求，伴随人"爱美之心"的天性将长期存续。可以说，薇诺娜的判定完全符合这一路径，最终成功打磨出核心大单品"舒敏保湿特护霜"，受到专业皮肤科医生的权威推荐，得以在护肤品红海中杀出一条血路，实现单品带飞品牌全线。如今薇诺娜的总营收超过 40 亿元，舒敏系列销售额占三分之一以上，核心大单品仍能占据 15% 以上的销售额。

近年短暂站上风口又迅速回落的低度酒市场，则更像是被"误判"的前车之鉴。从战场挑选法则来看，中国的酒类产业坐拥万亿市场，其中预计有 338 亿元属于低度酒市场。那么问题来了，低度酒存在的意义更多的是承担年轻群体的情绪价值，这对应的用户群体非常宽泛，站在他们的角度，低度酒品牌和产品众多，不同品牌间的产品可替代性强，所以很难产生高复购率。更重要的是，低度酒品牌主打的低度数、低热量、低价格，这些都不是年轻群体对于酒精的真正需求。低度酒品牌的大起大落，全在意料之中。

在新消费浪奔浪涌几年之后，我们是时候回归到真消费了。新消费是新时代和新模式，而真消费是消费时代的进化和品牌本质的回归。过去做新消费，品牌经常不可避免地面向风险投资（To VC）式发展，发展节奏是脉冲式高增长，用钱买规模。当下品牌则要回归 To C 的长期价值，节奏要转向自造血来促进增长，夯实基本盘。心态上来讲，品牌真正要回归消费者的长期价值，更要注重衡量和洞察，找到消费者的真需求，而不是自己空想出来一个个短期小风口。

第二步"抓需求"：重构场景，迭代心智

此前我们已经讨论了立足真需求的问题，现在我们要强调的是，品牌应该在把握消费者底层人性需求的基础上，依据 JTBD 重塑产品使用场景，从而反向实现对消费者心智的迭代和占领。那些源自人性底层的真需求可能几千年来从未改变，真正改变的只是人在不同时代的不同场景下对需求的表达方式。如果能够抓住这样的需求进行场景重构，迭代整个品类，彻底占领消费者心智，成功的概率将大幅增加。

试举一例。从古至今，在社会交际过程中，人们都有着对明眸皓齿、口气清新的追求。《礼记》有云"鸡初鸣，咸盥漱"，意思是天亮起床就要洗脸漱口。后来，古人发现把杨柳枝泡在水中，用时将其咬开，可起到洁牙的功效，这就是最早的牙刷雏形。时间流转，高露洁成为现代第一家专业的牙膏制造公司，从此清新口气成为可便捷达成的日常行为，人们对口腔护理类产品也加注了更多的情感诉求，如自信表达、自我彰显等。漱口水的诞生，则让口气清新成为一种随时随地可被满足的需求，但是"漱后要吐"依然对实际使用造成不便。

新兴的口腔护理品牌 BOP，则突破了"口腔护理"的束缚，用高颜值的设计和便携式的体量重塑人们对漱口水的认知，受到新一代消费者的广泛欢迎。可以说从盐水、牙膏、漱口水一直到口腔喷雾清新剂，体现的是"口气清新"这一需求在不同时代、不同情景中被满足的方式，而那些率先实现跨越发展的产品和品牌，无疑在引领行业迭代的同时，也抢先占领了消费者的新心智。这样一个品类的迭代升级和新心智占领，帮助 BOP 在口腔护理的红海中杀出了一条血路，它从这里开始拓展全品类，目前口腔喷雾清新剂类产品只占其品牌销售额的 25%，其他产品的销量也开始逐渐跟上。

我们发现很多品牌在打造产品时，都渴望一上来就捕捉到需求的差异点，有时这反而让它们被局限在一个狭小的市场中，甚至走偏至寻找伪需求。其实，找到基本需求在这个时代中场景和情绪的延伸，迭代、升级品类，抢占消费者心智，你会发现在打造核心大单品这件事上已经成功了 50%。

第三步"创卖点"：拆解要素，跨界重组

打造核心大单品的第三步，我们认为是"创卖点"，本质就是拆解要素，跨界重组。这也符合我们一直说的创新终极秘诀的第一性原理，即回归物质本质，从场景出发去拆解基本要素。

炙手可热的奶酪棒产业，其实就是这条路线下的成功案例。作为传统的发酵奶制品，奶酪已经在人类社会中存在了上千年，但是直至今日依然能孕育出新的生意机会。奶酪棒的成功其实是基于新时代"儿童加餐"的高频刚需场景。设想一下，下午三点家长去幼儿园接小朋友时往往会带点小零食，过去可能会带酸奶、水果、小蛋糕，包括小卖部里的棒棒糖也很受孩子们欢迎。但是站在家长的角度，他们希望能有更方便（不占空间、随身携带）也更健康的"儿童加餐食品"。

奶酪棒找准的就是这个刚需痛点。它的基本要素是什么？营养、好吃、方便，所谓"妈妈放心、孩子爱吃、随手可拿"。奶酪的产品优势遇上棒棒糖的外观，奶酪棒就应运而生了。按照"供给—需求—连接"原则，从供给上来讲，妙可蓝多这一品牌在奶酪生产领域投入研发十余年，积累了大量成熟的奶酪研发经验和生产技术，已经建立起供应链层面的强大壁垒。需求就是让消费者感受到营养、好吃、好玩，两根奶酪棒的钙含量与 200mL 牛奶相当，口味让儿童吃了还想吃，催生复购；妙可蓝多的汪汪队 IP，吸引儿童目光，产生购买需求。最后通过儿童加餐的高频刚需场景，达成了与消费者的连接。这个案例就是从场景出发，跨界思考、"供需连"重组，最终形成了一个可谓"大单品"的行业。

另一个很有趣的例子是润百颜的次抛精华。解构次抛精华，实际上就是将医用无菌灌制技术与玻尿酸结合，将护肤产品从瓶瓶罐罐转移到一天一支、随用随取的次抛瓶中。过去提到次抛形式，消费者最容易想到的是隐形眼镜、眼药水，这让次抛概念与安全、卫生、新鲜等词牢牢绑定。同时，润百颜背靠的华熙生物是国内领先的玻尿酸技术及原料供应商，占据了国内七成玻尿酸原材料市场。将二者融为一体的次抛精华，使用 B-F-S 灌装技术提高产品的安全性、稳定性、有效性、便携性，既契合"成分党"对原液活性成分高效保存的高要求，又能够适应"出差党"轻便且及时的护肤强需求。自 2014 年推出首款水润次抛精华后，润百颜已在其基础上完成三次核心技术升级，该产品也成为润百颜最具代表性的核心大单品之一，畅销近 10 年。

从场景出发，找到跨界灵感，秉承"供需连"法则去勇于创新，这就是打造核心大单品的第三步。与轻量级的品牌相比，大品牌要做到这点可能会更具难度，因为这会倒逼品牌的操盘者们跳出已有框架，打破行业壁垒重新思考。必须强调的是，在产品创新的过程中，这一步至关重要。

第四步"筑惊喜"：意料之中，预期之外

打造核心大单品的第四步，我们称为制造"意料之中，预料之外"

的惊喜。意料之中，就是产品出现得不突兀，产品与品牌之间不割裂；预料之外则是要在解决问题的基础上带给消费者超越预期的惊喜。我们把这种"惊喜"总结为三点：一是产品的尖叫点，二是可视化的晒点，三是习惯的上瘾点，分别对应消费者的功能利益、社交需要和情感诉求。

雅诗兰黛的密集修护肌透面膜正是这样的一款产品。首先，雅诗兰黛的小棕瓶一直是其招牌产品，主打抗衰、维稳、修复、保湿等功效，在广大护肤人群中有口皆碑，因此当核心功效类似的密集修护肌透面膜上市时，消费者们很容易接受。同时，它又有着足够的尖叫点：一张面膜富含半瓶小棕瓶精华，含有雅诗兰黛集团的核心专利成分 ChronoluxCB™，能起到密集修护的作用；模拟美容院，采用 SPA 式的微压热感导入法，敷上会感觉面膜在微微发热。另外它还具备独特的可视化晒点——以银箔纸包裹，因此得名"钢铁侠面膜"。由于以上种种特性，消费者在使用后感觉非常有效，加上产品与"对自己好一点"的情感诉求契合，有了鲜明的习惯上瘾点，促使消费者每周必敷，无限回购。可见，除了意料之中的核心功能，它还具备了三个预期之外的高附加值属性，从"密集修护肌透面膜"到"钢铁侠面膜"，小小的改变为产品创造出完全不一样的创新可能性。

对比之下，娃哈哈多年前曾推出过一款名为啤儿茶爽的饮品，将绿茶与啤酒的产品特性相结合，人为创造出"茶 + 啤酒"的全新市场，这确实出人意料。在客群上，啤儿茶爽号称是针对那些想喝啤酒却怕喝多，或者对酒精过敏、酒量低的人群，让他们也能享受到如喝啤酒一般的爽感。但是有这种需求的人群到底有多大？另外，它在品类归因上也相对失败，由于很难准确定义它到底是啤酒还是茶饮料，导致无法形成群聚效应，也难以建立清晰的价值认同，找到使用场景。以上种种，造成啤儿茶爽的产品定位不清晰，卖点拐弯抹角，让人失望至极。

第五步"勤打磨"：小步快跑，迭代优化

在专注于产品研发的同时，品牌们还应熟练掌握大数据的思考方法，运用互联网的灰度测试工具，实现小步快跑，迭代优化。当下的品牌创始人受到互联网时代的影响，甚至很多人都具备互联网从业经验。在打磨产品的过程中，他们也实现了对互联网思维体系的跨行业转移，把灰度测试带到了消费品领域。从企业内部发力，提倡"公司里的每一个人都是创新官"，和消费者一起共情共创、打磨新概念，甚至贯穿全流程的科学化开发，把所有的创新拆解为最小可变因素的最小化可行产品，重新组合 AB 测试，还要通过各种敏捷化的试点，包括 DTC 的渠道粉丝快速测试、电商的虚拟测试、便利店的行为测试，这些都是品牌企图用大数据的思考方法小步快跑，优化迭代。

花西子早在品牌创立初期，就注重直接与消费者沟通并收集反馈。2017 年 8 月，花西子首次在官方微博和公众号发布"彩妆体验官招募令"，邀请人们参与六款新产品的体验。在眼线笔 2.0 版本的改良过程中，其更是调整了 200 多次配方，邀请了数千人测评。目前，花西子已经拥有超过 10 万名产品体验官。成立于 2019 年的国货美瞳品牌moody，在产品策划期就在私域社群中开展需求调查和花色测试，并根据消费者的反馈意见，快速进行产品迭代，仅用两年就在天猫和抖音平台积累了 390 多万名粉丝。母婴品牌 Babycare 以"为爱重新设计"为口号，力图实现整个企业的运作都从消费者出发，深入挖掘消费者痛点，给出比普通方案好 10 倍的解决方案，再通过大量测试得到实时反

馈，不断改良产品。其中一款产品"歪头奶嘴奶瓶"花了两年才最终面向消费者销售，其间 Babycare 一直不断打样校准比例、柔软度、确认瓶口流速等。可以说，对产品的极致打磨，不但大幅提升了核心大单品的产出概率，而且是对消费者追求极致体验的尊重。

第六步"塑爆品"：收敛聚焦，少即是多

前五步讲的都是怎样做出大单品，而在最接近成功的地方，恰恰要注意克制。真正做过创新的人都知道，品牌就像自己的孩子，生孩子不容易，养孩子更是千难万险。在品牌非常幸运地找到了核心大单品之后，要不停地收敛聚焦，反复地迭代升维，而不是仅仅做堆砌式的创新，去稀释品牌优势。

分享一个本书作者之一鲁秀琼亲身经历的案例。2004 年，美汁源开始在部分市场推出果粒橙。它打出的卖点是"可以喝的水果，有肉的果汁"，一下子成为引爆当时市场的核心大单品。此后 5 年，美汁源都非常聚焦地强调这一点，在产品创新层面也表现得相对克制，口味延展很少。这段时间里美汁源推出了爽粒葡萄，使用白葡萄汁搭配芦荟果粒，喝起来与葡萄的口感非常相似，深受市场欢迎，也进一步强化了大品牌心智。2009 年，美汁源的果粒橙与爽粒葡萄每年可带来近 60 亿元销售额，成为饮料市场上最成功的消费品之一。

2010 年，一方面市场发生巨大变化，创新单品冰糖雪梨席卷市场；另一方面，品牌内部节奏失调，快速推出多而混乱的系列口味，包括热带果粒、芒果、蜜桃、爽粒红葡萄、雪梨……最关键的是，品牌核心资产"可以喝的水果，有肉的果汁"这一概念被急剧淡化。再加上渠道乏力以及涨价带来的负面影响，美汁源的核心大单品的销量下滑了 30%。

回头复盘这段历程，在前 5 年势头大好的情况下，美汁源不仅要坚持"可以喝的水果，有肉的果汁"概念、非常谨慎地创新，同时还需要去做品类教育和基于场景的包装延展。在面临市场变革的 2010 年，美汁源更该稳住以自己品牌为主，聚焦核心大单品的升维，而不是企图用很多堆砌式的产品创新扭转局面，最后反而影响品牌的核心资产。这也证明了消费品领域"少即是多"的真谛，和大家共勉。

在对核心大单品做收敛聚焦上，瑞幸可能是一个非常好的例子。从 2020 年的厚乳拿铁，到 2021 年的生椰拿铁、丝绒拿铁，再到 2022 年上市一周销量突破 659 万杯的生酪拿铁，隐藏在性价比标签背后接连不断的大单品，无疑是拉动瑞幸复苏的强力引擎。在产品打造上，瑞幸贯彻数字化战略，将各种原料和口味数字化，量化追踪咖啡的流行趋势。通过这些数据，瑞幸可以匹配出多样化的产品组合，并从中确定下一款"大单品"的口味。同时，瑞幸利用打造流量池的数字化能力，从人、货、场各方面去形成内生化的竞争优势，在提供优质产品的基础上，实现了千人千面、千店千面，拉动单店运营效率的极致提高。这些都成为内生化的竞争优势，可复制、可快速拓展，而且形成了一个内生的增长飞轮，帮助品牌真正建立起护城河。

以 a1 零食研究所为例，复盘核心大单品六步心法

接下来，我们以互联网高端零食品牌 a1 零食研究所为例，复盘一遍核心大单品六步心法。

a1 零食研究所成立于 2016 年，瞄准中国 4 亿的中等收入人群，凭借核心大单品打开市场。从 2018 年开始，a1 零食研究所陆续推出了蛋黄酥、云蛋糕、西瓜吐司等产品，基本保持"一年一个大单品"的

节奏，迅速完成年销售额从1.5亿元到10亿元的跃升，并仍在高速增长中。

现在我们不妨使用六步心法来解构它的两款核心大单品蛋黄酥与西瓜吐司。这两款产品的选择标准都是大赛道、小切口、高附加值、真需求。首先，消费者长期存在饱腹刚需，不需要过多教育，产品需要满足的基本需求就是抵饿。在基础需求之上，a1零食研究所找到了核心人群的迭代需求，那就是家长和上班族群体都想找到一款好吃、方便、饱腹的产品，这其实是重建了整个糕点品类的场景，迭代了心智。

而在具体的产品打造上，a1零食研究所拆解的基本要素实现了跨界重组创新。西瓜吐司是将西瓜的外形、香气与吐司相结合，实现吐司品类的革新。在蛋黄酥产品打磨上，a1零食研究所抛弃了传统长保质期糕点使用的防腐剂，而是采用了充氮保鲜技术，实现每包蛋黄酥都是一个充氮的独立包装。在此之前，这项技术一般都被用于饮料产业，其实这就是一个跨界创新、"供需连"组合的典型案例。

从"筑惊喜"的角度来讲，a1零食研究所的蛋黄酥保持"一口四层"标准，并有咸甜口感的完美配比。而吐司做成西瓜状这样一个看似简单的小创新，实际也经过了长久打磨，只为了使用天然色素，最大限度地复原西瓜的外观，并透出一种开袋扑鼻的瓜香。a1零食研究所自建研究中心、上千次研发尝试、开展线下会员试吃，都是在小步快跑、迭代优化。

"少就是多"也是a1零食研究所一直坚持的观念。在与我们交流中，品牌创始人周炜平直言："什么都满足是专业者的偷懒，我们要做的是帮消费者做好选择。"所以我们会看到，a1零食研究所的任何一款爆品，口味都克制在三种以内，然后坚持把偶然变成必然，用创新方法论和渠道力量去持续地打造新品。

从选战场、抓需求、创卖点、筑惊喜、勤打磨到塑爆品，每一步 a1 零食研究所都走得非常稳，这也是它可以持续制造核心大单品的原因，如今它的主要销量由 4 ～ 5 个核心大单品撑起。完整实践核心大单品六步心法，帮助 a1 零食研究所实现了可复制的大单品增长模式。

构建 To B+To C 的解决方案

有了核心大单品是不是就可以通行天下？这可能只解决了一部分问题。要真正占领心智必须消费者端和渠道端兼顾，形成完整的解决方案，即（To B+To C）×（产品＋服务＋生态系统），如此才能通过渠道分发牢固占据心智第一性。

在我们长期深耕的快消行业，渠道的复杂性是中国市场特有的问题。多层级立体市场，1100 万个终端（很大一部分是高度分散的夫妻零售店），通过各种分销商、批发商、运营商、电商平台层层触及，在多种形式叠加的物流和供应链体系下，消费者深受渠道行为影响。对一个品牌商而言，必须要考虑：［To B（分：把货铺到终端的一系列管理和交易行为）+To C（销：做一系列驱动消费者购买的动作）］×［产品（本身的吸引力）＋服务（渠道毛利设置＋经销商管理＋终端服务）＋生态系统（持续的营销闭环优化和客情关系精进）］。

今麦郎"四合一"就是一个经典的快消品企业渠道覆盖模式。所谓"四合一"，就是将车辆、人员、区域承包、终端机作为今麦郎的经销商标准配置，推行"四合一"的本质是让经销商用合理科学的配置，奠定谋取合理利润的新管理模式基础。没有车辆就没有网点，没有人员就谈不上客群维护，区域承包则将配送员也升级为利益共同体，终端机则是智能化管理车、人、承包制的"最强大脑"。这套体系最大的特点就是敢于下放分配权,让经销商和基层业务员(配送员)由上下级的雇佣关系转变为携手奋斗的合伙关系,企业则扮演指导和陪练的角色。自2012年28家经销商开展"四合一"试点,到2015年的近千家经销商参与,效果相当明显:施行"四合一"模式的经销商,平均销售利润净增127%,一度涌现出大量年利润额破百万元的方便面销售大户。

但是所有的解决方案都需要与时俱进。新冠疫情过后,方便面品类动销承压,渠道碎片化进一步加剧,今麦郎也对其渠道模式迭代。从"四合一"进阶"四分离",简单来说就是让经销商的物流、现金流、信息流等分开,实现有人谈业务、有人送货、有人理货等,让专业的人做专业的事。产品升级,渠道迭代,反复打磨基本功,这才是品牌基业长青的基石。

快销巨头可口可乐也不例外。大多数快消品都是由经销商分销到终端网点,而可口可乐则是通过与装瓶伙伴合作,深度分销到终端。在中国市场,为了更好地服务终端小店,2016年太古可口可乐⊖推出了售点服务平台"乐客通"。客户只需要登录小程序就能网上签约、一键订货,还能查看产品信息和促销指南。新冠疫情期间,太古可口可乐甚至以这个小程序为入口做起了面向终端网点的直播,通过线上交流的方式直观讲解新品卖点和销售技巧。目前,"乐客通"小程序在终端网点的渗透率已接近八成,极大压缩了人员和时间成本,提升了服务质量。

⊖ 太古可口可乐是太古集团全资子公司,与可口可乐紧密合作,拥有超过50年的伙伴关系。时至今日,太古可口可乐按销量计已成为可口可乐全球第五大装瓶商。

除了这种"一对多"的标准化平台之外，太古可口可乐也有一套"一对一"的售点评估系统，能够实现千店千策。在快消领域，不同渠道的服务策略以及开放的服务要求都各有区别。借助强大的后台数据，太古可口可乐能够迅速地对不同的终端做出相应评估，既能更好地服务各类型客户，也有益于提升消费者体验。而通过与腾讯生态的消费者画像联动，太古可口可乐的评估可以达到更精细的程度，包括售点周边的消费者群落组成，由此进一步实现对消费者的精准触达。

兼顾"心智占领"与"产品设计"，这一章可以说是产品面世的"惊险一跃"。从当下品牌与心智之间联结的新范式，到如何体察用户心智、呈现超级产品，再到凭借渠道分发牢固占据心智第一性，在本章中均做了详细的阐述和说明，目的就是助力品牌在纷繁的市场中找到自己的破局点，从而脱颖而出。优秀的作品一波三折，伟大的事业九死一生，所有的企业都是根据自己对世界的理解所形成的观念，给出一道题，然后带领团队把它解答出来，而市场是对答案的反馈。脱离使命与价值观而把品牌简单作为暴力地占领心智，是求术而离道，所以在讲心智与产品设计的时候，我们还是要不断回溯品牌的使命与内心的火苗。

在本章的最后，我们想提及诸多市场营销人员熟知的一个定位案例——从"怕上火，喝王老吉"这句曝光度最高的品牌口号（或者定位语）来看，消费者买王老吉不是因为它是什么新品类，而是满足自己预防上火的需求。如果按照品类定位的逻辑，品牌口号应该改为"最能预防上火的饮料"。从操盘者的学理逻辑上看，"怕上火，喝王老吉"是一个典型的场景—消费提示关联。它不断提升客户 JTBD 下的第一性，即在有预防上火需求时反复喝王老吉，这也是早期王老吉市场起盘时区域上是广东市场、餐饮端是火锅市场的原因。在一系列市场营销战略（公关、终端战略、渠道等）下，王老吉变成凉茶领导者，这是市场竞争的结果，不能简单地颠果为因。

结尾我们还是重新回顾里斯和特劳特在《定位》中的话："历史表明，一家企业之所以成为领导者，是因为它率先做了某些事情，而不是靠自封为领导者。"

| 本章小结 |

▶ 心智定位是品牌形成的基础，但不等于就是品牌，品牌对名牌的本质超越在于消费者对企业价值观存在共鸣与偏好。

▶ 心智品类是消费者需求在被满足过程中的决策分类结构，也是消费者做决策时的最简化认知点。

▶ 如果一个品类不能以消费者的待办任务为基础，所属品牌即使在心智中变成某个品类的代名词，也没有市场意义。

▶ 一定要从消费者的购买行为角度看场景中的品类分化，而不是站在品牌的立场。

▶ 无论是产品、品类还是赛道，一定都是带着使命出现的。消费者没有需求，这些就都没有存在的必要。

▶ 心智的三种机会点：有心智空间，但主要的驱动特性未被占领；有形成品类和待办任务的空间，但无心智领导者；有巨大需求，但没有解决问题的产品和品牌。

▶ 产品的本质就是满足消费者的需求解决方案。产品的设计必须从需求识别和心智占领开始。

▶ 核心大单品一定要能在某一品类中绝对占据消费者心智，具体而

言，就是必须在人气度、渗透率、单店日均销售、核心人群复购
率和铺货质量度这五"P"的维度上 1.5 倍领先于位居第二的竞
争品。

▶ 核心大单品的重要性：品牌面向全体消费者的广告牌、撬动渠道
的支点、品牌增长的效益池。

▶ 核心大单品六步心法：选战场—抓需求—创卖点—筑惊喜—勤打
磨—塑爆品。

▶ 源自人性底层的真需求可能几千年来从未改变，真正改变的只是
人在不同时代的不同场景下对需求的表达方式。

▶ 让人惊喜的产品往往具备三点：一是产品的尖叫点，二是可视
化的晒点，三是习惯的上瘾点，分别对应消费者 JTBD 的功能利
益、社交需要和情感诉求。

▶ 对产品的极致打磨，不但大幅提升核心大单品的产出概率，而且
是对消费者追求极致体验的尊重。

▶ 要真正占领心智必须消费者端和渠道端兼顾，形成完整的解决方
案，即（To B+To C）×（产品＋服务＋生态系统）。

第 5 章

品牌升维

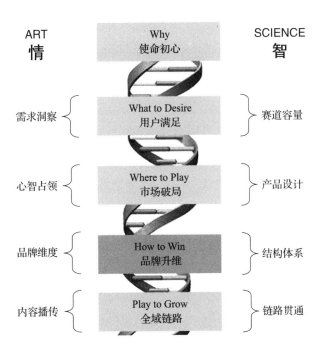

在完成对使命、产品、赛道的种种厘清与建构之后，我们即将进入品牌双螺旋的第四层面"品牌升维"。品牌升维即让品牌从多个层次展开，在心智、产品层面上让品牌更立体化，以形成一个有效的认知网络，而非"占据一个词""占据一个品类"。同时从公司业务层面来看，一个品牌是否需要衍生，新品牌与原有品牌之间究竟应该处于何种关系，使之既能借用原有品牌的资产，又不会产生品牌信息的混乱，这些都是企业在做品牌时应弄清楚的典型问题。针对这些问题，我们将从品牌维度和结构体系进行展开。丹尼斯·李·约恩就曾在《伟大的品牌：卓越品牌建设的 7 个原则》[⊖]一书中揭开苹果、谷歌、宜家等世界级大牌的成功秘诀：

（1）伟大的品牌的塑造需要由内而外。

（2）伟大的品牌通过产品与用户群建立牢固的情感纽带，而不是一味地追求推销产品。

（3）伟大的品牌无视流行趋势，是成功结合了底层不变的逻辑和表层变化的表达。

（4）伟大的品牌专注挖掘品牌所能给予用户的特殊价值。

（5）伟大的品牌注重细节，不断满足用户日益提高的期望。

（6）伟大的品牌做出并信守承诺。

（7）伟大的品牌无须流于表面地回馈社会，而应通过为所有利益相关者及相应团体创造共同价值观来做出贡献，借助品牌影响力激发变革，积极传播社会正能量。

⊖ 本书中文版已由机械工业出版社出版。

的确，品牌是一种价值和价值观的综合输出，并且在输出后进行认知与感知管理。随着业务的发展，单一的品牌和平面的架构逐渐难以满足消费者需求和市场需要，此时企业必须重新梳理品牌的结构体系，引入品牌组合，在企业层面形成不同的战略角色。作为新登场的又一组要点，"品牌维度"是情层面的内在价值，"结构体系"是智层面的理性逻辑，我们将先从情细述品牌如何深化价值，再从智讲清楚品牌内部结构体系和组合。

01 品牌维度

虽然现在很多品牌都在进行去中心化，但是依然需要思考和确立品牌的内涵是什么，继而考量如何沉淀长期价值，最终打造势能护城河。我们认为，品牌以消费者的待办任务为导向，产品的心智优势推动品类破局，多维度塑造自身独一无二的形象，满足消费者对虚拟自我的渴望，并利用关系认同、情感驱动产生溢价，这是当下充分发挥品牌力量的最佳途径。

看到"维度"，很多人或许会想到知名度、美誉度、忠诚度等，即戴维·阿克的品牌资产五星模型，但这些属于衡量和评判品牌建立成果的维度，在实际操盘中往往作为企业检测品牌健康度的指标。如何有效进行过程化的品牌管理，并不是戴维·阿克的品牌资产五星模型所关注的重点。这一节中我们主要阐释的，是确立品牌内涵管理的另一个维度，**我们将其称为"新品牌五度"，包括价值高度、人设温度、场景强度、关系厚度和记忆深度**，如表 5-1 所示。如果说品牌双螺旋的上一层面最后一步是把产品和品牌从需求侧的心智中显现出来，那么这一层面就是让品牌深化到消费者的灵魂中去形成共鸣。

表 5-1　新品牌五度及对应的问题

维度	问题
价值高度	你的品牌价值是什么
人设温度	你的品牌原型是什么
场景强度	在何时何地，你的品牌会成为消费者心中的首选
关系厚度	你想和消费者建立起怎样的关系
记忆深度	你的品牌是否拥有让人记忆深刻的感官符号

价值高度

新品牌五度的第一度价值高度实际上是在灵魂拷问："你的品牌价值是什么？"品牌代表着一种价值观、一种生活方式以及强烈的自我主张，在消费者心灵深处形成潜在的文化认同和归属感。尤其对于 Z 世代，在丰饶经济下实现基本温饱早已不是消费的主要目的，相比之下他们更重视心理陪伴和精神满足——从拥有更多到值得更好，从功能满足到情感驱动，从物质价格的物有所值到心理价值的附加值，品牌是他们多元性格的外延，也成为他们确立"身份"的通行证。

提到价值高度就一定要提到品牌操刀中的重要概念——品牌核心价值（Brand Core Value）。品牌核心价值指一个品牌承诺并兑现给消费者的最主要、最具差异性与持续性的理性价值、感性价值或者象征性价值，它是品牌最中心、最独一无二、最不具时间性的要素，亦是一系列品牌营销传播活动和价值展开的原点。品牌核心价值是品牌资产的主体部分，它让消费者明确、清晰地识别并记住品牌的利益点与个性，是驱动消费者认同、喜欢乃至爱上一个品牌的主要力量。排他性（与竞争对手区别）、号召性（震撼人的内心深处）以及兼容性（有广阔的衍生时空）

是好的品牌核心价值应有的特质。

如果说品牌的定位要解决的是"一箭穿脑",核心价值就是解决"一箭穿心",也就是当消费者想到一个产品、服务、品类时第一时间想到你。消费者虽然第一个想到你,但是他为什么要选择你?他为什么要用你呢?你给他带来怎样的利益、价值?他为什么对你产生认同、偏好?品牌的核心价值和定位两者有时是一致的,比如海飞丝的"去屑";有时也不一致,比如竹叶青的定位是"高端绿茶行业的领导者",但这不属于核心价值,消费者听了之后也不容易产生购买欲望,这就需要用核心价值把品牌进行深化。我们举一些例子:迪士尼的定位是提供最好的游乐园体验。一提到游乐园,第一个想到的可能就是迪士尼,但是你为什么要去呢?这就出于迪士尼的核心价值——神奇、欢乐、创新和创造的感觉。哈雷戴维森的定位是最具狂野精神的摩托坐骑,消费者要买这种高端、狂野、美国西部牛仔风格的摩托车,可能第一个会想到它,但是它的品牌核心价值是什么呢?是自由、社群、个性。劳斯莱斯,定位是最高端的豪华车,它的核心价值是什么呢?是贵族、奢华、艺术感和稀缺性。定位和核心价值这两个信息要进行拼合,才能形成品牌。

核心价值亦分为入门级的价值(行业基础属性)、与竞争对手对抗的价值以及顶尖价值(形成巨大区隔)。而正如菲利普·科特勒在《营销革命 3.0》中所阐述的,今天的顶尖价值往往又回到价值观中去,科特勒将其称为"从产品利益到营销的人文精神"。品牌核心价值要做的就是"一箭穿心"。

时至今日,耐克的品牌已经超越了时间和空间,一道鲜明的对钩标志成为全球公认的运动精神符号。品牌创始人奈特早年代理鬼冢虎运动鞋发家,后来自立门户创办耐克,创始之初就与合伙人鲍尔曼达成一致的目标：要生产专业运动装备，致力于提升运动员的表现，而不是简单地流于大众产品，追随潮流审美。可即便放眼世界，运动员也数量有限，耐克想要把蛋糕做大，迟早要撬动大众市场。耐克把"提升运动员表现"和"撬动大众市场"这两个看似矛盾的问题摆在一起，去除思维的限制，升维找寻品牌的价值，呈现出的就是关键：面向大众掀起一场运动革命，在产品层面不断提升研发技术、强化运动表现，在传播层面则降低"运动员"的门槛，告诉每一个普通人"只要你拥有身体，你就是一名运动员"，所以你需要耐克加持。一旦这个逻辑贯通了，后续动作就会水到渠成。

2012 年伦敦奥运会期间，官方指定的运动服装赞助商是阿迪达斯。尽管受到"禁止使用任何带有奥运 IP、国家队和奥组委元素、运动员肖像及较强暗示性的引导"等重重束缚，耐克依然凭借主题为"活出你的伟大"（Find Your Greatness）的全球营销战役大出风头。它直接绕开了奥运关键词，当品牌们的目光都锁定在运动员身上时，耐克聚焦运动精神的核心本质，从普通人的视角出发，以平面广告、视频等多种形式，共同传递人们对运动的热爱、坚持和付出。

在选择传播渠道时，尽管失去了万人瞩目的赛场，但耐克全方位利用社交媒体、NIKE+app 以及线下渠道等媒介引发广泛共鸣，这些共鸣最终又被导向了遍布世界的销售端。据《今日商业》报道，经此一役，有超过 37% 的美国消费者认为耐克才是伦敦奥运会的官方赞助商。[⊖]在线下，耐克也一直致力于赞助体育巨星、重大赛事和运动相关的公益项目、社区活动。2002 年耐克与刘翔达成合作关系，2008 年北京奥运会

⊖ https://www.businesstoday.in/magazine/lbs-case-study/story/branding-strategies-at-london-olympics-2012-130660-2013-09-14.

上刘翔突然退赛，一度引发极大争议，许多有合作关系的品牌都"知难而退"，淡化甚至停止使用刘翔的形象，而耐克始终选择和刘翔站在一起，第一时间发表官方声明："刘翔一直是中国最杰出的田径运动员之一，耐克为能与刘翔紧密合作而感到自豪。在此时，我们理解他的感受，并期待他伤愈复出。"第二天一早，搭配大幅刘翔照片、广告词为"爱比赛、爱拼上所有的尊严、爱把它再赢回来、爱付出一切、爱荣耀、爱挫折、爱运动，即使它伤了你的心"的耐克广告出现在一众大报的醒目位置，坚韧不拔的体育精神撼动无数人的心，更鼓舞了无数运动爱好者。四年之后，刘翔因伤再度退赛，耐克在品牌官方微博发布了一段广告文案："谁敢在巅峰从头来过，即使身体伤痛，内心不甘。让 13 亿人都用单脚陪你跳到终点。活出伟大，一起为飞翔而战！"这则微博在发出的 24 小时内，被转发 13 万次并收到近 3 万条评论，耐克以真实的情感打动受众，成为社会化营销的标杆。

2020 年新冠疫情蔓延全球，许多大型赛事一度暂停或者取消，长时间的居家办公也让运动爱好者们难以忍受。疫情之下，耐克发起"在室内锻炼，为整个世界而战"（Play inside，play for the world）活动，并推出广告片"你不能阻止我们"（You Can't Stop Us），内容均为世界各地运动员的训练与竞技画面混剪，配上强有力的文案，既向那些在疫情期间仍在客厅、厨房、卧室里创造条件坚持运动的人致敬，又将品牌长久的运动精神贯彻到极致。"罗马不是一天建成的"，在宣传品牌价值主张这件事上耐克坚持了近半个世纪，以一种"霸道"的姿态，将运动不断融入大众的生活，时间也回以它丰厚的报酬。

比耐克更晚崛起的两个品牌露露乐蒙（lululemon）与噢麦力（OATLY），尽管赛道截然不同，都凭借清晰的品牌价值主张圈粉无数。在它们的交易情景中，作为价值符号带来的溢价远远超过了产品本身。学者薇妮斯蒂·马丁曾这样描述纽约上东区的 lululemon 热潮——"穿着这个牌子的瑜伽服等于是在昭告天下：'我有时间运动，而且看看我的身材。'"⊖lululemon 最经典的一款瑜伽裤，美国官网标价 118 美元，在中国则是 850 元人民币，在同类型产品中绝对算得上昂贵。这条看起来平平无奇的素色紧身裤，凭什么能吸引如此多的拥趸？原因在于它承载的是一种健康并自由奔放的精神。怀着"让人们过上更长寿、更健康、有乐趣的生活"的使命，奇普·威尔逊（Chip Wilson）提出了明确的品牌愿景"带领世界从优秀走向卓越"。

OATLY 同样依靠品牌价值主张完成了由"小"向"大"的蜕变。20 世纪 90 年代初，瑞典隆德大学食品科学家李卡德·奥斯特（Rickard Öste）希望能为乳糖不耐受的人群量身定制一款"牛奶"，最终他探索出了一种特殊的生物酶解工艺。这种工艺是将燕麦与水混合，通过酶来分解淀粉并使液体变甜，而后把燕麦壳从液体基底中除去，最终将燕麦转化成口感类似牛奶的全新饮品，同时保留了优质膳食纤维 β– 葡聚糖。1994 年，李卡德和兄弟比昂一起创办了 OATLY。如果说这项专利酶技术是 OATLY 三十多年来固守的产品内核，那么品牌主张则一路助推它成为全球最大的燕麦饮品公司。OATLY 燕麦奶不含乳糖、坚果、麸质等过敏原，且胆固醇和脂肪含量都比牛奶低，因此颇受乳糖不耐受人群及健身群体的喜爱，但是对于更广大的普通人而言，饮用牛奶早已成为生活习惯，实在没有必要选择植物基替代品，何况价格还贵三倍。

2014 年，托尼·彼特森（Toni Petersson）出任公司 CEO，启动大

⊖　薇妮斯蒂·马丁. 我是个妈妈，我需要铂金包：一个耶鲁人类学博士的上东区育儿战争［M］. 许恬宁，译. 北京：中信出版集团，2018.

刀阔斧的改革。在他的主导下，OATLY 内部重新梳理了品牌路线，确立可持续、营养与健康、信任与公开三大价值观，完全向欧美主流消费观念看齐。显然，托尼·彼特森希望从价值观入手重塑品牌，将饮用 OATLY 燕麦奶转变为一种更普遍的先锋生活方式，而非仅仅是面向小众群体的"牛奶替代品"。2017 年 OATLY 发布的一份报告重点强调："从产品的整个生命周期测量，从摇篮到坟墓，燕麦饮料产生的温室气体排放量比牛奶低 80%。土地使用量也减少了约 80%。"[⊖] 在产品推广上，OATLY 选中咖啡馆为突破口，开始更广泛地与大众沟通。燕麦奶的口感独特、甜度适中，且拉花、打奶泡效果都不错，很适合用来制作咖啡饮品，OATLY 旗下甚至有款咖啡专用产品就叫"咖啡大师"。2016 年，OATLY 成功进入美国 2500 多家小众独立咖啡馆，与咖啡师达成良好合作，由他们将 OATLY 的理念分享给更多的顾客和同行。喜欢光顾此类咖啡馆的顾客大多数重视生活品质，拥有成熟的消费观念，也愿意尝试新事物，后来这批顾客大多数转化为品牌的第一波拥趸。OATLY 进入中国市场的第一枪则选在星巴克打响，后来又与喜茶、奈雪的茶等合作联名，直接带热整个燕麦奶品类。2021 年 5 月 20 日，OATLY 在纳斯达克上市，成为全球"植物奶第一股"，市值约 120 亿美元。喝 OATLY 时，消费者到底在喝什么？答案是品尝风味，更是在展示绿色健康、自然至上的生活态度。选购与自己价值观念相符的品牌，不仅仅是简单的消费行为，更成为自我表达的契机，新品牌的机会就藏在一个又一个表达价值观念的契机之中。

⊖　https://www.oatly.com/uploads/attachments/cjp9gpbd709c3mnqr8idyecwy-sustainability-report-2017-eng.pdf.

人设温度

新品牌五度的第二度是"人设温度",专业上另一个说法叫作"品牌拟人化"。我们在多年给诸多企业做品牌顾问的生涯中,在品牌调研与战略规划中都会问企业一系列问题:如果把你的企业比作一个人,他是谁?他的年龄、阶层是什么?他是何种性格、何种品位、何种生活方式的人?甚至这些问题还可以深化,比如在给宝钢做品牌顾问的过程中,本书作者之一王赛曾设计了一系列测试问题——"如果让宝钢利益相关者感知宝钢品牌的温度,那应该是多少摄氏度?""如果让利益相关者感知宝钢的颜色,应该是哪一种颜色?"……这种测试对于宝钢管理品牌极其重要,它反映出利益相关者与公司的契合程度,比如同样属于钢铁行业的公司,安赛乐米塔尔被认为是"冰冷的钢铁公司",浦项制铁的感知温度则高于平均值 7 摄氏度,在韩国被称为最具归属感的公司,亦被巴菲特称为"一家不可思议的好公司"。

简单地用定位理论去构建品类第一、心智第一,而缺乏人性温度的存留,造成了如今中国企业界一个关于品牌的极其尴尬的窘况——公司不断宣称自己在某个品类上销量遥遥领先,是领导者品牌,但是消费者仅能感受到信息的暴力,而与品牌缺少共鸣。我们再次强调品牌不是利益的兜售,而是价值观的共鸣。之所以各类顶级咨询公司都会在品牌规划中设计人设温度,一个很重要的社会学假设是——既然品牌要与消费者共鸣,那么这种共鸣更容易在物(缺失拟人化设计的品牌)与人(消费者)之间发生,还是更容易在人(拥有拟人化设计的品牌)与人(消费者)之间发生呢?答案显然是后者。中国有句老话叫"排除异己",人本能地喜欢和同类相处而抗拒异类,当为品牌、产品统统裹上人格化的外衣，消费者的观感自然也由冰冷转为温情脉脉，尤其当这个品牌具备与"人格"一致的价值观、情绪、个性乃至固定的消费者沟通行为时，更容易吸引消费者成为其忠实用户。美国原型心理学家卡罗尔·皮尔森受到荣格"集体潜意识"的启发，提出了 12 个人格原型。她认为每一种原型都代表一种人格，而一个品牌若能让人联想到这些原型，便能迅速传播并具有长久的生命力（见图 5-1）。

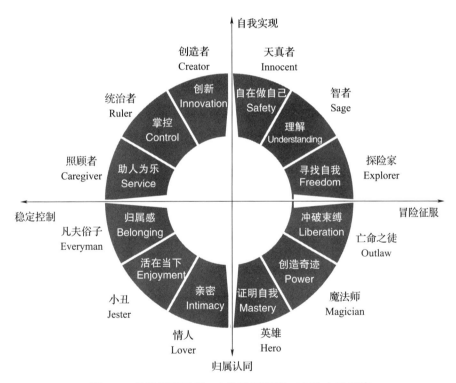

图 5-1 品牌原型工具：4 类动机系统 +12 种人格系统

注意，这个系统中的 4 类动机本身就存在矛盾和冲突。"归属认同"与"自我实现"，前者是渴望找到群体、组织或皈依，后者又渴望能成为人群中独立的个体，实现自己的理想抱负，走出不一样的道路。再看

"稳定控制"与"冒险征服",一方面人们渴望安定的生活,待在熟悉的"舒适区",可当生活真的日复一日、平淡如水时,又渴望追逐远方、征服世界。这 4 类动机相互冲突,但又的确源于人们内心的深刻本能。正因为我们必须在冲突中寻找平衡,种种对人性的探索催生出了 12 种品牌原型:

- ▶ 自我实现:天真者、智者和探险家原型。
- ▶ 归属认同:凡夫俗子、小丑和情人原型。
- ▶ 稳定控制:照顾者、统治者和创造者原型。
- ▶ 冒险征服:英雄、魔法师和亡命之徒原型。

准确定位品牌原型、实现品牌人格化,是为了造就品牌魅力,以便与消费者共鸣。社交媒体盛行的数字时代是一个被克莱·舍基(Clay Shirky)称为"Here comes everybody"的"人人时代"。这个时代最典型的特质是每个有自由意志的主体被数字技术"平行链接",等级开始塌陷,一切活动,如学习、娱乐乃至工作都会以"平行链接"的方式组织起来,系统的组织模式向企业的沟通模式提出了挑战:从金字塔式的组织转变为水平化或者海星形的组织,企业与客户之间的沟通也走向了"水平化的沟通",即企业需要通过参与、互动、对话来构建、展现自身的魅力。

国内新锐男士理容品牌亲爱男友(dearBOYfriend),从名称上就极具"情人"色彩。品牌方给出的诠释是"中国男士的理容好朋友",创始人刘苏认为,与女性消费者相比,男性消费者在个人护理方面投入的时间和精力较少,因此很难对单纯售卖护肤品的工具型品牌产生忠诚度。亲爱男友希望在打理个人形象这件事上，成为男性消费生活的好朋友。同时，这个自带亲密感的名称，其实也在推动品牌成为女性消费者心中理想的情人原型。在人设与产品融合上，亲爱男友针对男性理容过程中常缺水、易出油、多出汗等问题，重新定义"BOY"的边界：不是年龄，而是"更自信、更勇敢、更自由、不油腻"的状态，并以此为核心理念，先后推出控油冠军洁面、小浪瓶运动沐浴露、飞行员系列香水等爆品。自 2020 年 4 月在天猫正式上线起，品牌月销售额已超过 1000 万元，男性消费者占比 90% 以上。

在一些较为专业、小众、带有深奥概念的领域，赋予品牌一个百事通式的"智者"形象，有助于快速建立品牌在赛道中的权威认知，并逐步成为赛道的全新代名词。醉鹅娘酒业能够成功，正因为它没有如传统红酒产品一般围绕品质和概念做文章，而是在此基础上实打实地做足了红酒的文化普及，引领消费者更了解红酒，也更爱醉鹅娘。品牌创始人王胜寒曾进入法国蓝带厨艺学院学习葡萄酒管理，归国后创立了"醉鹅娘"自媒体矩阵，希望给消费者提供多个视角的红酒知识，让大家不仅仅停留在品酒层面，更能全面了解红酒的文化内涵。众所周知，红酒这一品类经过多年宣传科普已经深入人心，但是专业的红酒术语相对晦涩，评估一杯酒的好坏有土壤、气候、湿度等各种标准，每一类标准又有大量难懂的词汇。因此，过去几年，醉鹅娘持续在红酒文化领域发力，通过微博、B 站、抖音等社交媒体平台，不断向消费者输出红酒干货知识，在消费者心中立住了"红酒专家"的人设。2021 年 1 月，醉鹅娘专门出版《推开红酒的门》一书，致力于"让对红酒感兴趣的人士，完成从小白到精通的知识进阶"，极大降低了消费红酒的知识门槛。目前，醉鹅娘已经构建了完善的产业矩阵，创建了 WinePro 葡萄酒课程体系，并孵化出了一系列自有品牌的休闲酒类产品。2018 ～ 2020 年"双十一"期间，醉鹅娘一直是天猫葡萄酒品类第一名，2020 年更是凭着内容变现实现收入 3.5 亿元。

人格化的形象也能够反映出品牌与众不同的个性化特质。品牌作为一个特殊的"人"，也必然具有自己的性格，而消费者正是依靠这些个性来区分不同的品牌。如果一个品牌能将自己的个性化特征做到深入人心，那么它与消费者之间的沟通可以说极其成功。

英国最大的私营企业维珍集团（Virgin Group），旗下有 200 多家遍布各行业的公司，却能树立起牢固、统一的品牌人格化形象，在其国内的品牌认知率高达 96%。维珍创始人理查德·布兰森在他的自传中解释了为何以"Virgin"这个词为名。"处女"这个名字性感，易产生联想并且过目不忘；"处女"意味着一种生活态度：自由自在的生活方式、叛逆、开放、崇尚自由以及拥有极度珍贵的浪漫。事实上维珍集团的一系列动作都在贯彻这种人设，比如取消航班上的餐点但也大幅降低机票价格，它是美国首家提供预付费业务的移动通信运营商等。布兰森本人的行为也在为这份人设添砖加瓦：和女明星一起为旗下饮料拍广告，骑着一头大象进入印度国会演讲……在长年累月的经营下，越来越多的消费者将维珍视作品质、价值、创新、娱乐、挑战的代名词，使用维珍旗下产品自然也就成为一种持续终身的惯性动作。

场景强度

新品牌五度的第三度是"场景强度"，"场景强度"希望探讨的是在何时何地品牌能够成为消费者心中的首选。在第 3 章中我们已经反复强调，消费者不是在购买产品，而是购买特定情景下的解决方案。因此，在梳理品牌内涵时，仍然要回归情景思考，打造心智第一性认知，提供新的服务，经营用户关系。**场景强度的核心是消费者在特定场景下的心理状态或消费需求与品牌关联，场景是唤醒消费者心理状态或消费需求的时刻，场景强度反映出品牌为消费者提供需求解决方案的真实瞬间的有效性和唯一性。**

　　新锐品牌"拉面说"同样在场景强度上重点发力。2013 ～ 2017 年，国内外卖 O2O 市场规模每年的增速均超过了 100%[一]，方便面市场则回落严重。在这种鲜明态势下，2016 年诞生的速食面品牌拉面说却迅速崛起，年销售额突破 9 亿元。对"一人食"情景的瞄准和深耕，为拉面说带来了丰厚的回报。相关数据显示，从 2013 年开始，我国单身人口保持着每年 1000 万～ 2000 万人的增长规模，而另一组来自民政部的数据表明，2018 年我国单身成年人口有 2.4 亿人，其中超过 7700 万成年人是独居状态。这些"空巢青年"中很大一部分是独身在外的白领，他们早已习惯了"一人食"的生活方式，用餐时多半会点外卖或选择速食产品以求"速战速决"，有烧菜做饭习惯的不占多数。拉面说聚焦的正是这一庞大群体。它找到了传统速食（以方便面为代表）与外卖间的缝隙，打出"家中的拉面馆"的口号，开辟出全新的空白赛道"高端速食拉面"，为消费者提供简单、快捷、所见即所得的美味体验。在介绍烹制方法时，拉面说将传统的烹调术语简单化、精确化，比如把"煮至八成熟"改为"煮 3 分钟偏硬、4 分钟适中、5 分钟偏软"，用"倒入一罐可乐的水"代替"倒入 330mL 的水"，大大降低了消费者的操作门槛。在做情感层面的沟通时，拉面说表达出"即使再忙，一个人也要好好吃

　　○　数据来源：https://www.sohu.com/a/247565171_128505。

饭、好好爱自己"的心灵抚慰，增强目标人群的价值认同。正如拉面说创始人和 CEO 姚启迪所说，这不仅仅是一碗面，而是包含了情绪和场景的。吃一碗面，其实是一个诉说的过程。拉面说希望带给受众的不仅仅是一款食品，还有背后的温度和好好爱自己的感受。高颜值的包装、FD 冻干技术处理的丰富配料、满满的情绪价值配合迅猛的社交媒体种草打法，拉面说得以在"一人食"场景下急速攻城略地。

关系厚度

新品牌五度的第四度是"关系厚度"。品牌社区在数字经济时代兴起，品牌的参与感将消费者的认知盈余充分激发出来，比如耐克旗下的 Nike+ 已经变成耐克品牌不可缺失的品牌要素。能否与消费者建立起可持续互动的关系，是今天判断品牌建设成功与否的重要标准。品牌与消费者的交易达成并不意味着客户关系的真正建立，缺乏消费者与企业持续充分互动基础的交易将无法持续，易受到竞争对手的低价竞争策略的影响。从消费者的角度而言，持续的互动关系意味着在经济利益、情感价值和社会性价值层面持续获得全面满足，自身能够积极参与到这一过程中。美国学者阿尔文·托夫勒将这种演变创新式地命名为"产消者"（Prosumer）。这是一个组合词，由生产者（Producer）的前半部分和消费者（Consumer）的后半部分组成。顾名思义，它指的就是生产者与消费者合一的现象。

共鸣、共情、共创，企业应该与消费者一起书写品牌的未来。品牌不能满足于断点式的卖货、割韭菜式的拉新，更应该与消费者建立深度关系。注意，是关系而非联系，是利益攸关的伙伴而非可有可无的过客。想要和消费者建立起持续而又稳定的长期关系，前提是必须要持续地为消费者提供价值，并且形成稳定的伴生关系。[⊖]这就要求品牌基于自身业务、产品，为消费者提供更加便利和个性化的服务，以"运营价值战"替代"闪电价格战"，重在挖掘消费者的长期价值。

从产品层面来说，lululemon 专注于为进行瑜伽、跑步等运动者提供技术性运动服。在研究健身服装的交易数据之后，lululemon 发现消费者的期望有二：第一是性能，衣服要足够服帖，能适应剧烈运动；第二是舒适和时尚，穿着要舒服，样式要好看。为了更好地研究面料和工艺，lululemon 在温哥华组建起专家团队，还研发了至少 9 种面料专利。在商品信息页，其宣称这些技术可以让产品"亲肤裸感""排汗良好""舒适伸展"。产品之外，紧密的圈层文化帮助 lululemon 完成了高效率的口碑积累。从美国到中国，lululemon 都没有大规模地投放广告，而是全力开拓健身圈层。每入驻一座城市，lululemon 会主动与当地的健身教练、瑜伽教师建立联系，邀请他们成为品牌大使并给予一定的折扣。于教练们而言，收到邀请意味着被认可，甚至成为圈子里身份的象征。同时，lululemon 的线下体验店也小规模地对外开放，欢迎大使们邀约学员参观、运动。相较大规模地拉群，这可能是一种更极致的私域体验——瑜伽运动尚属小众，收到邀请的教练有限，获得大使邀请的学员同样有限，每增加一道限制，都在强化"获邀准入"的专属感和仪式感，并且这个过程是可以真切感受到的。试想一位热衷瑜伽的学员收到邀请后赴约，在优雅氛围中与同好交流心得、体验产品，完成购买几乎是水到渠成。如果说耐克是通过 Nike+ 直接与消费者沟通，那么 lululemon 则是利用消费者社群关系、小众圈层构筑起独特的品牌护城河。与运动赛

⊖　赵波. 私域不是联系，是关系！［EB/OL］.（2020-10-22）［2023-04-01］. https://mp.weixin.qq.com/s/IJ1K0SpI2BxxJJK4NiXVMw.

道的其他品牌不同，lululemon 的折扣很少低于 7 折，甚至品牌的忠实粉丝们并不在乎原价购买，因为他们获得的体验与光环远远超出产品本身，这是与他们理想生活契合的必需品。以一个好的产品作为起点，用独特的营销策略培养用户心智，建立社群内部牢固的文化和价值观，最终扩张成为一个有影响力的品牌，再以此反哺更大规模的增长，带来更多转化，这就是 lululemon 的品牌价值。

私域工具的出现，为品牌一对一地加深关系厚度提供了绝佳工具。走在前列的完美日记，打造"小完子"的形象，以福利、返现等方式吸引用户添加好友，再由"小完子"导流进社群。打开"小完子"的朋友圈，除了常规的产品种草，还能看到一些非常生活化的内容，比如晒出自己喝到了"秋天第一杯奶茶"、想去看某明星演唱会……和一个普通的二十岁女生无异。对用户而言，她拥有了一位专属美妆顾问，在使用产品的过程中有任何困惑都可以问"小完子"，能在短时间内收到解答。对品牌而言，原本购买结束用户就可能失去音信，现在有了长期追踪的可能，与品牌的联系在未来一段时间里得以延续，且随着更多有趣、有温度的内容发布，这一联系存在持续加深的可能。

2020 年，眼镜行业颇受新冠疫情影响，但是宝岛眼镜凭借对私域流量工具的挖掘和运用，反而获得 5% 的业绩增长。宝岛眼镜董事长王智民曾表示，私域流量的一个陷阱，是不把私域用户当人看待。这背后暴露出私域运营必须面对的难题：如何实现对用户长期价值的挖掘？什么样的私域沟通才是有效的？怎样才能避免私域沦落至广告遍地的情况，而是真的与用户建立情感联结？

宝岛眼镜能实现逆势上扬，关键在于公域"全员种草"和私域"深度服务"相结合。以往，品牌也曾邀请关键意见领袖（KOL）、关键意见消费者（KOC）撰写推广内容，但是配镜毕竟是个技术活儿，这些内容里一旦出现不专业甚至错误的表述，将会直接拉低消费者对品牌的好感。既然如此，何不直接对内发动员工参与？2019 年，宝岛眼镜初步确立了数个输出平台，如大众点评、小红书、知乎和抖音，针对不同平台的特性号召员工产出声量内容，并投入大量预算推动和激励。公开数据显示，宝岛眼镜内部已经形成了 7000 人的大众点评声量团队、800 人的小红书声量团队、200 人的知乎声量团队，全部都是由企业员工直面用户。在完成公域声量输出后，大量线上和线下用户被导流到私域。在宝岛眼镜的社群内，咨询服务相关的内容占了极大比重，工作人员在线分享如何选购适合的眼镜，眼镜如何日常保养，如何预防儿童近视、老人白内障等。借助私域工具，宝岛眼镜能为用户提供更专注、更细致的服务，甚至从服务个人扩大到用户的整个家庭，大大加深了与用户的关系厚度。

无独有偶，飞鹤 2020 年财报显示，尽管 2020 年出生新生儿大幅下降，飞鹤依然实现了 35.5% 的同比增长，不但增速行业排名第一，而且市场占有率继续保持第一。在私域运营中，飞鹤同样树立起"育儿专家"的形象。一方面，品牌通过"飞鹤星妈会"公众号输出优质的母婴内容，长期开展新手妈妈教育，并且门店导购与用户通过企业微信沟通，精准沉淀粉丝；另一方面，品牌又运用多种工具开展线上福利活动和知识分享，有效提升了消费者的品牌信任度和参与积极性，私域粉丝留存率达到 63%，长效投资回报率提升 300%。对品牌而言，私域的意义不只是多了一个信息触点，还建立了一段长期情感关系。

记忆深度

记忆深度，就是使品牌成功地让目标消费者产生感官信号。亚伦·凯勒（Aaron Keller）写道，时刻和记忆、时刻和记忆、时刻和记忆——请把这两个词重复念十遍，才能建立品牌的创造时刻。数字化时代下丰饶的信息亦会对消费者造成选择悖论，消费者在各种信号与噪声中生存，然而绝大多数被其感官忽略，所以接下来的大问题就是"品牌怎样深化记忆"，形成记忆回溯点。即使看完《大创业家》这样激动人心的电影，一个月后我们可能也很难记得电影中麦当劳的品牌故事，但是一旦看到麦当劳的金拱门标识，我们的愉悦之感就会油然而生。记忆深度要解决的问题非常明确——在消费时空内建立强烈的情感与多种感官刺激。

记忆会在消费者的神经元中衰退，这可以由著名的"艾宾浩斯遗忘曲线"验证。每个人的大脑中约有八百六十亿个神经元，如何在神经元中成功建立一条难以消灭的记忆通道尤其重要。记忆存储在消费者大脑中的不同区域，并且通过蛋白质来连接，每种记忆的处理都涵盖了编码、合并、存储以及检索。而回到心理学中著名的巴甫洛夫的反射实验，记忆是在不断地"刺激—反应"中形成，如何设计行为学中的"刺激—反应"联结就尤其重要——用什么来做刺激源，如何让消费者的反应回到品牌的轨道中，并落实在深度记忆。从这个维度上讲，中国定位派有一定的理论根基，其提倡"占领一个心智词语＋广告饱和式攻击"，实际上在强化这个"刺激—反应"回路。但是我们在第 1 章已经讲过，这种打法打造出的只能叫作"名牌"。新品牌五度中讲的是"记忆深度"，深度不仅仅是简单记忆品牌的位阶，更是品牌与消费者所构建的深度联结。

在心理学中，记忆又可以分为情节记忆（Episodic Memory）和语义记忆（Semantic Memory）。前者与消费者的自我经历关联，比如货车司机在熬夜开车时喝了一罐红牛，得到能量的正反馈，如果不断重复，他就会把此场景与红牛品牌进行关联；后者则源于我们长时间对事物和事实形成的抽象概念。这两种记忆模式落在品牌维度上，都可被归类为重要的"存储时刻"，即消费者对品牌产生印象并存储进心智的瞬间。存储时刻的增加不只建立在广告传播之上，亦是感官输入（Sensory Input）整合设计的结果，这也是有记忆深度的品牌往往是感官品牌的原因。感官品牌将五感记忆进行规划，拥有完整的视觉、听觉、嗅觉、触觉、味觉符号体系。在中国市场上，我们经常听到的"视觉锤"等概念，其实仅为这套系统的部件。

　　视觉与听觉领域的案例很多，许多品牌都拥有标志性的颜色和音乐符号。提到星巴克，往往第一时间想到的是人鱼标志，其实在菜单、食物包装乃至宣传素材上，星巴克也以经典的绿色为锚点，将视觉风格加以延伸，树立鲜明的品牌形象，同时将功能性与感染力作为视觉识别的评判指标，确保呈现出的风格一致。与此类似，"蒂芙尼蓝"也成为风行世界的品牌视觉符号，这种源于知更鸟蛋的颜色，代表了对眷侣的祝福。英特尔则另辟蹊径，长期实施广告赞助计划，在那些采用了英特尔处理器的电脑广告最后，都会出现"登，登登登登"的音乐片段。这一听觉符号已经被持续使用 20 多年，几乎成为英特尔最重要的品牌资产。

　　不同的触感同样能影响人们对品牌的记忆。乔布斯曾说："当你打开 iPhone 或者 iPad 的包装盒时，我们希望那种触觉体验可以为你定下感知产品的基调。"苹果甚至精心设置了盒盖与盒身之间的公差，形成缓慢下落的阻尼感，让开箱的过程充满期待与惊喜。日本著名产品设计师深泽直人设计的一组果汁包装也利用了触觉符号，不仅直接将包装纸盒设计成水果的样子，甚至带有与水果表皮类似的纹路：分布着许多微小颗粒的草莓、光滑的香蕉、粗糙的猕猴桃……在摸到独特包装的瞬间，天然果汁的烙印已经留在消费者的记忆之中。

"倒杯不洒"是 DQ 冰激凌的特色。在制作完"暴风雪"系列产品之后，DQ 的店员们都会手持纸杯倒立 3 秒，令人惊讶的是，冰激凌并不会从杯中掉出。其中原理很简单：DQ 冰激凌的空气比只有 35% 左右，奶浆纯度比较高，再加上机器搅拌，使得冰激凌更加贴紧杯子内壁，所以能呈现这样的视觉效果。尽管是一个简单的动作，却能证明产品品质，同时给消费者留下诧异和惊喜感，加固他们对品牌的记忆深度。

嗅觉符号同样是品牌无形的名片。伦敦大学神经生物学家杰伊·戈特弗里德的研究表明，在所有感觉记忆中，气味感觉最不容易忘记。热气腾腾的家常饭菜、新鲜出炉的面包……人总会因为熟悉的气味而对某个环境或者品牌倍感亲切。加深嗅觉符号，就是在反复唤醒和巩固记忆，最典型的应用场景当属五星级酒店——从迈入大堂的那一刻开始，熟悉的香气瞬间激活往日的美好记忆，让人感到宾至如归。

香格里拉是运用嗅觉符号加深品牌内涵的典范。从 2001 年起，其开始在旗下酒店使用"香格里拉"香氛，研发灵感源于詹姆斯·希尔顿的名著《消失的地平线》——出版于 20 世纪 30 年代，曾在全球范围内掀起寻访"香格里拉"的热潮。这款香氛以香草、檀香和麝香为基调，又添加了佛手柑、白茶和姜的气息，整体清新淡雅，极富亚洲韵味，一经推出就大受好评。经过对顾客的长期熏陶，"香格里拉"香氛已经成为香格里拉的嗅觉符号，甚至衍生出精油、蜡烛等周边，当作纪念品和伴手礼出售。当顾客们不断在脑海中将这种气味与品牌联系起来的时候，香格里拉的品牌认知也随之强化。

相比以上几种感官符号，味觉感官的运行要更加复杂。研究表明，人的味觉体验并不稳定，因此味觉本身非常容易受到其他感官的影响。两份一模一样的菜肴，因为餐厅售价高低、消费者心情差异甚至盛装的容器有别，或许就会收到完全不同的反馈。这带给品牌们的启示是，要更加注重调动其他感官，辅助提升消费者对产品口味的评价，比如设计更易让人心情愉悦、引发食欲的包装，或者采用开放式厨房传出阵阵诱人香气，这些都有利于加深品牌的味觉符号。

五种感官可以混合起来设计，比如威斯汀酒店专注于让顾客重焕身心活力，并且以此为品牌纲领，威斯汀酒店设计了自己的品牌体验系统（见表 5-2）。如在触觉上首创"天梦之床"，根据人体结构设计触摸式台灯；大厅里永远有威斯汀独有的"威斯汀音乐"作为一种听觉符号；酒店里到处都是混合了天竺葵和小苍兰气味的白茶香味，抓住顾客的嗅觉……这种品牌体验系统构成了顾客对威斯汀酒店品牌核心价值的关键认同要素。

表 5-2　威斯汀酒店的品牌体验系统

顾客感觉	威斯汀酒店的体验记忆点设计
触觉	首创了"天梦之床""威斯汀天梦之浴"，以及根据人体结构设计生物环保椅、触摸式台灯、一键式服务等特别设施。如天梦之床研发成本高达 3 000 万美元，共有 900 根独立弹簧，有着那些只有两三百根弹簧的普通床垫所不能比拟的舒适感；每张床都配羽绒被和晴棉被，被子也有不同重量可选
听觉	创作了 150 多首悠扬灵动的"威斯汀音乐"，在不同的天气、季节、时段和事情发生的时候播放，让顾客在合适的时刻听到合适的音乐
嗅觉	设计了一种混合了天竺葵和小苍兰气味的白茶香味，在威斯汀酒店里，这种独特的香味扑鼻而来，总是让人心旷神怡
味觉	各个城市的威斯汀都是美食家的天堂，这里配备了中餐厅、日式餐厅、泰式餐厅、意大利式餐厅、咖啡厅、酒吧等，聘请各国大厨精心制作，并提供国际知名甜点师制作的特色蛋糕和巧克力，使顾客经历了一次优雅奢华的美食之旅
视觉	每家威斯汀酒店都出自世界建筑设计大师之手，装修材料也无不是来自国际一线品牌，甚至员工的制服都是出自名家之手。每到日落时分，各国的威斯汀都会根据当地文化特色举办独特的入夜仪式，这成为威斯汀特有的品牌节目

这里简单提下业界著名的 Graveryard 品牌模型（即品牌记忆与品牌认知比较分析模型），该模型可以帮助品牌检测记忆深度，测量出的提示前知名度对应的是品牌回忆率，提示后知名度对应的是品牌认知率。Graveryard 曲线把整个图形分为三个部分，对应问题品牌、利基品牌与健康品牌。通过测试，我们可以看到品牌的记忆度问题是出现在知晓度上还是内涵度上。

最后让我们对本节内容做个总结。在这一部分，我们对品牌进行升维，提出新品牌五度——价值高度、人设温度、场景强度、关系厚度、记忆深度来深化品牌。正如我们在第 1 章对品牌理论回顾中引用的莱斯利·德·彻纳东尼的话——"如果一个品牌仅输入观点或输出观点，缺乏演化的逻辑，那么企业将得到一个不平衡的品牌战略"，新品牌五度试图做出平衡——价值高度拉升品牌势能，人设温度降低沟通成本，场景强度提升交易能力，关系厚度造就可持续能力，记忆深度指向感知结果。新品牌五度既可以作为一种回顾性的检测指标，又可以作为一种前置性的规划策略。当然，品牌的升维不仅在五大维度之上，它还会涉及品牌结构问题，即一个企业应该设计多少个品牌（这个问题经常出现在品牌成功之后），新设计的品牌与原有品牌甚至与母品牌是何种关系，这些正是我们下一节要涉及的内容。

02 结构体系

前面我们已经从情的角度提及新品牌五度的升维，如果结合上一章的品类破局，单一品牌的塑造已经基本讲清楚。然而随着品牌的成长以及业务的发展，单一品牌逐渐难以满足用户需求和市场需要，比如我们看到华住以汉庭起家，后来形成了多品牌组合，元气森林也从气泡水发展到更多的业务领域，蒙牛则关注不同品牌之间资源投入的配比。此情况下企业常常面临以下问题：

▶ 是发展新的品牌，还是用原有的品牌来覆盖新业务？

▶ 企业需要多少个品牌？

▶ 不同品牌之间如何形成合力？战略如何取舍？

▶ 不同品牌之间的关系是怎样的？如何设计公司品牌（Corporate Brand）与子品牌（Sub-Brand）之间的构架？

上面的问题都是品牌决策中的典型问题，这类问题处理的核心是品牌关系，或者像我们在本节中一样叫它"品牌结构"。品牌结构设计的目的是厘清品牌之间相互作用的方式，定义品牌组合，开拓不同的产品线并设计、营销不同的品牌（包括对品牌进行组合分类，定义各品牌的角色、战略作用，设计品牌层级结构，规定标识使用规则等），以赢得不同的细分市场并形成企业整体合力。在这里我们不做全面展开，只把两个最关键的问题拿出来讨论——品牌组合问题（不同品牌如何形成市场增长合力）以及品牌架构问题（不同品牌之间的识别驱动关系是什么）。这两个问题合在一起，就是品牌双螺旋中的"结构体系"。品牌结构不但梳理出了企业内部业务群体或产品类别之间的从属关系，而且决定了企业业务在不同目标市场上的优先级，以及资源和精力的分配。拥有合理的品牌架构，才能从整体上实现品牌增长并有效防止原有品牌的市场弱化。

设计品牌组合

清晰的品牌组合为企业内部的资源分配指明了方向，直接左右每个关键的战略决策，还进一步优化了市场营销支出体系，并能实现整个品牌体系的价值最大化。好的品牌组合可以帮助企业抓住不同细分市场的差异化机会。

华住是国内第一家多品牌的连锁酒店管理集团，在不同的市场领域布局了不同的品牌，成立十余年仍呈现高速发展的态势。如表 5-3 所示，2005 年汉庭在昆山开设第一家门店，随着业务线扩展为酒店、快捷和客栈三大品类，"汉庭"由一个单线的品牌名称上升为"汉庭酒店集团"。到 2012 年年底，汉庭回归单线的品牌名称，集团名称取而代之的是更为大气的"华住"。华住的品牌发展是典型的单一品牌发展—多品牌发展—母子品牌协同发展的过程。

表 5-3　华住的品牌发展历程

时间	发布或合并的品牌	备注
2005 年	汉庭	
2008 年	海友	
2008 年	星程	入股
2010 年	全季	
2012 年	禧玥	
2013 年	漫心	
2014 年	怡莱	后与你好品牌合并
2016 年	诺富特	均为雅高旗下品牌，华住获得了中国地区美居、宜必思和宜必思尚品的特许经营权，以及美爵和诺富特的共同开发权
	美爵	
	美居	
	宜必思尚品	
	宜必思	
2017 年	桔子水晶	全资收购
	欢阁	
	汉庭优佳	

（续）

时间	发布或合并的品牌	备注
2018 年	花间堂	战略收购
2019 年	施柏阁	全资收购
	美仑美奂	
	城际	
2020 年	你好	
	美仑	
2021 年	宋品	

注：时间截至 2021 年 12 月。

　　为何华住要如此折腾？这就要从酒店市场的消费者需求空间讲起。所谓消费者需求空间，通常被认为是消费者身处的情景（何时、何地、和谁，等等）与他们情感和功能需求的结合体。⊖这就注定了其分析方法与传统的客群研究不同，更加强调具体的消费情景而非空泛的行业数据。在呈现消费者需求空间时，往往根据横轴"消费者需求"与纵轴"价格区间"进行分组，从而找到真正驱动消费者选择的核心要素。具体到酒店市场，从消费者需求维度，酒店市场基本要满足商旅、会议及其他三大类：商旅分为商务出差、旅行度假，会议则细分出企事业单位会议、社会团体会议、政府会议，其他则多为婚宴和餐饮；从价格区间维度，酒店市场大致可分为经济型、舒适型与高端型。综合需求与价位的分组完成后，集团再根据不同空间放置差异化的品牌，这样可以最大限度地避免业务空白与业务重叠。

　　为了满足不同消费者的住宿需求，华住推出了以汉庭为代表的经济型酒店，以桔子水晶、漫心为代表的中高端酒店，以及高端市场的禧玥、花间堂等 20 多个酒店品牌，完成了从快捷经济酒店到中高档酒店

⊖ https://www.bcg.com/publications/2015/marketing-sales-demand-centric-growth-finding-out-drives-consumer-choice.

的高度覆盖。即便是同一个价格区间的品牌之间也有所区分：同为高端型酒店，禧悦希望给消费者提供繁忙差旅中度假式的体验，重点聚焦商旅出行人群并配有专门的办公空间；花间堂则是定位"人间桃花源"的精品酒店，主打家庭出游、度假怡情。

这种同一品类中的高度覆盖，意味着企业对客群需求的极致细分，这也成为华住的制胜之道。之所以将集团名称由"汉庭"改为"华住"，是因为作为经济型连锁酒店的代表品牌，汉庭平价快捷的形象已经深入人心，但也反过来制约了人们对集团其他品牌的认知与想象。结合收购中档连锁酒店星程、创办高端型酒店禧玥等动作，此时的汉庭酒店集团需要一个全新的概括化名称，能更好地包容不同档次的酒店品牌，而不具体代指某一项业务。凌驾于业务品牌之上，寓意"中华住宿"的华住就此"上任"。

安踏的多品牌战略同样引人注目，甚至成为品牌崛起的关键破局点。多品牌战略是安踏真正试图超越耐克和阿迪达斯的关键策略，因为显然仅靠单一安踏品牌无法满足运动市场多样化的消费者需求，同时按照当时安踏的品牌运作能力，短期内做出世界级的领先品牌仍然艰难。品牌资产的积累需要时间，然而品牌并购加上多品牌架构可以解决这个难题，安踏通过收购多个国际品牌形成安踏品牌系组合，如表 5-4 所示。

表 5-4 安踏集团品牌收购

品牌	加入时间	收购对价	运动范围	品牌定位
威尔胜	1989 年	2 亿美元	网球、棒球、美式足球、高尔夫球、篮球	世界领先的球类运动设备制造商
阿托米克	1994 年 11 月	66.8 百万欧元	滑雪	提供全球最先进的滑雪装备，包括高山滑雪板、越野板和单板等全线产品

（续）

品牌	加入时间	收购对价	运动范围	品牌定位
颂拓	1999 年	—	—	户外和潜水设备制造商
必确	2002 年	1.8 亿欧元	健身	健身器材供应商
萨洛蒙	2005 年	4.85 亿欧元	跑步、徒步旅行、登山、冒险赛、滑雪	冬季户外运动品牌
始祖鸟	2005 年	4.86 亿欧元	登山等户外运动	生产高端的户外服装、背包和攀登护具
马威克	2005 年	4.87 亿欧元	自行车	专业生产自行车轮组、骑行鞋、服装、头盔等配件
DeMarini	2000 年	—	棒球、垒球	棒球和垒球球棒知名制造商
路易斯维尔	2015 年 3 月	7 000 万美元	棒球	提供棒球球棒、木质纪念品球棒，以及棒球手套和装备包
Sports Tracker	2015 年	—	健身、自行车	提供运动和健身应用，用于跑步、骑自行车和日常训练
ENVE	2016 年	5 000 万美元	自行车	手工碳纤维自行车轮辋和部件制造商
Armada	2017 年	410 万美元	滑雪	专业滑雪品牌
Peak Performance	2018 年 5 月	2.25 亿欧元	—	北欧运动时尚品牌

曾经，消费者对安踏的认知就是主营大众运动鞋服，款式比较普通，胜在平价耐穿——换言之，虽然出货量大，但是溢价空间很小。收购斐乐（FILA）是安踏国际化和多品牌战略的开端，2009 年，安踏从百丽手中收购了斐乐在中国的商标使用权和专营权。彼时斐乐已进入中国市场 4 年，表现低迷，连年亏损。收购完成后，安踏做的第一件事就是梳理斐乐的定位，理顺和主品牌的关系。在专业与休闲之间，安踏找准切入点"运动时尚"，决定聚焦于 20 岁左右的年轻人。在品牌架构上，斐乐焕然一新的路线、风格和目标客群都与安踏主品牌相去甚远。实现

独立式品牌运营，无论是在宣传还是渠道上二者都相互区隔，不得不说，这在一定程度上也为斐乐的重新上路"减负"。

为了吸引年轻消费者，斐乐进军时尚界，拉来一众时尚界人士、明星、KOL 背书晒照，并陆续邀请多位明星担任品牌代言人，逐渐在年轻消费者中打开声量。据公开财报显示，2021 年斐乐营收为 218.2 亿元，为安踏集团贡献了近五成的营收。更关键的是，斐乐定位中高端消费品，利润也更高，毛利润占据安踏整体毛利润的 50% 以上，可以说是集团中最强的利润贡献者。安踏集团顺势推出的子品牌 FILA KIDS 和 FILA FUSION，同样获得高速增长，斐乐运动鞋也成为新的爆款，年销售量突破 1000 万双。

2016 年，安踏收购韩国的可隆体育，与日本的迪桑特成立合资公司。2019 年 3 月，安踏以 360 亿元收购了高端运动品牌的头部企业亚玛芬体育集团（Amer Sports），亚玛芬体育集团有 13 个国际知名品牌，包括户外品牌中的"爱马仕"——始祖鸟、全球领先的球类运动设备商威尔逊、萨洛蒙、阿托米克及 Peak Performance 等。除了收购高端的运动时尚品牌、专业小众的户外运动品牌之外，安踏还在童装市场发力。

截至 2020 年，安踏建立了不同档次的三个品牌组合——以安踏主品牌为代表的大众专业运动群体、以斐乐为代表的时尚运动群体，以及以始祖鸟、迪桑特、可隆体育为代表的小众高端户外运动群体，覆盖了从专业运动到休闲运动，再到户外运动的所有运动消费场景，满足所有运动圈层、阶层、年龄段、运动阶段的消费者需求。

2020 年安踏体育年报显示，整体收益的 355.12 亿元中安踏分部收益 157.49 亿元，毛利 50.35 亿元；斐乐分部收益 174.50 亿元，毛利

120.92 亿元；同时其他品牌收入同比增速超过 35%。无论是从收益还是毛利，斐乐都已成为安踏集团的第一大收入来源。相比之下，李宁收购 AIGLE、乐途、凯胜，贵人鸟收购 AND1 和 PRINCE Sports 则显得"波澜不惊"——买不是结束，买到手以后如何对内融入本体品牌架构、对外相互配合争夺市场才是决胜的关键。

从前面两个案例我们可以看到品牌组合是表象，其背后的细分市场选择、目标客户定位才是驱动品牌组合的关键。品牌只是这种市场营销战略中冰山浮在水面以上的部分，品牌组合的本质是公司在不同目标市场上对于品牌的安置与有效协同。所以我们在中国市场上经常看到的品牌组合错误是不同的品牌在同一目标市场重叠；虽然形成多品牌的组合，但是缺乏有效的资源支撑；更多的公司缺乏品牌组合的管理评估体系。

如何优化品牌也是品牌组合中的典型问题。2021 年，可口可乐宣布削减旗下一半的品牌，联合利华连续卖出立顿等品牌，又进行了全球大重组，重新聚焦五大品类。与其对应的是中国新消费赛道企业连续推出第二品牌，如自嗨锅推出小七厨房、画面，钟薛高推出理想国，完美日记更是频频收购小奥汀、皮可熊、Eve Lom、壹安态等美妆护肤品牌。一个企业究竟需要多少个品牌？到底是做加法还是做减法？问题的关键在于战略的边界和资源。

作为快消巨头的联合利华也曾面临着这样的纠结局面。1929 年，经济危机席卷西方世界，英国的利华兄弟公司和荷兰的人造黄油联盟，为共同抵御风险成立了联合利华。到了 20 世纪 70 年代，联合利华通过一系列的品牌收购和开发，使得集团业务越发多元化，尤其是 1970 年完成对立顿的收购，让它一度成为全球规模最大的茶叶公司。到了 20 世纪 80 年代，联合利华已经成为全球最大的 30 家企业之一，其产品涉及塑料制品、包装、食品、家用及个人护肤领域。频繁的扩张大大拓展了联合利华的业务版图，但也让其变得组织臃肿、核心模糊、品牌庞杂，甚至陷入短暂的增长瓶颈。回顾联合利华的初心：使清洁工作变得更容易，帮助妇女减轻家务负担，保障身体健康，焕发个人魅力，让产品使用者的生活更美好。似乎，他们正逐渐远离这一初心。

1999 年，联合利华开始在全球范围内执行集中化战略，并展开大范围的品牌剥离行动。针对组织臃肿的问题，联合利华把 14 个独立的合资企业合并为 4 个由自己控股的公司，使经营成本下降 20%，非本地的管理人员减少 75%。针对核心模糊的问题，联合利华重新梳理出了三条明确的业务线：美容与个护、食品、家庭护理。正是在这样的背景下，联合利华以 243 亿美元并购了百仕福，此举让集团的食品业务成为全球食品行业第二。针对品牌庞杂的改革则更为彻底——通过内部审计，联合利华发现 90% 以上的利润都是由集团的 400 个品牌创造的，其他品牌不是亏损就是利润低下。于是联合利华只保留了这 400 个势头强劲的品牌，其余 1000 余个完全砍掉，并根据不同地区的市场情况适度控制品牌引入，压缩营销成本。实施集中化战略后，联合利华 2003 年净利润较上年提升 38%，迅速走出了增长瓶颈期。

思考战略的边界和资源，就要看企业的使命宗旨是什么，从而确定战略边界是什么（做什么、不做什么），是否有足够的资源打通核心业务、剥离低值业务、孵化未来业务，在品牌组合中做好抉择。

规划品牌架构

讲完品牌组合之后，我们将谈到品牌结构中的第二个重点——品牌架构。与品牌组合不同，品牌架构更多的是从战术上考虑不同品牌之间

的关系以及子品牌与母品牌的关系（见图 5-2），这种关系直接表现在品
牌命名和视觉识别上。

品牌架构	品牌组合
典型问题： • 这个品牌应该叫什么？ • 它是否应该与主品牌相联系？	**典型问题：** • 这不但是一个正确的品牌，而且是属于可以使收入增长15%的正确品类吗？
主要目标： • 实现品牌组合中的清晰性和协同性。	**主要目标：** • 通过战略性地发展、利用和保护组合中的品牌，使组合价值最大化。
业务范围： • 通过客户研究，了解品牌的现有价值。 • 品牌、业务和客户筛选，以确定最佳解决方案。 • 命名和视觉识别系统。	**业务范围：** • 全面的事实基础（客户和品牌数据的质量或数量）。 • 投资组合地图。 • 商业案例开发。

图 5-2　品牌架构 vs 品牌组合

　　首先让我们对极易混淆的两种品牌类型"企业品牌"与"子品牌"
做一个区分：诸如宝洁、大众、腾讯属于企业品牌，企业的使命、愿
景、价值观是它们的核心价值来源，其目标受众是员工、股东、渠道合
作伙伴、投资者和机构、政府、社区，从战略层面说企业应知行合一地
塑造企业形象，为业务开展背书；对应的玉兰油、奥迪、微信则属于
"子品牌"或"业务品牌"，它们的核心价值是以优势产品和服务，满足
消费者对虚拟自我的渴望，赢得市场份额，其战略意义在于积累认知复
利、建立关系认同、实现交易助推，最终产生溢值。母子品牌代表着资
产隶属关系（子品牌被母品牌拥有），其中母品牌指的是企业品牌，而子
品牌指归属于企业的业务或产品品牌。比如通用汽车（GM）是雪佛兰、
别克、凯迪拉克、悍马等 12 个子品牌的母品牌。

如果确定会孵化出新品牌，那么新品牌与企业品牌的关系应该是怎样的？我们按照品牌驱动力的不同发展方向，将企业所属各品牌之间可能存在的关系，归纳为图 5-3 中的六种品牌架构关系。

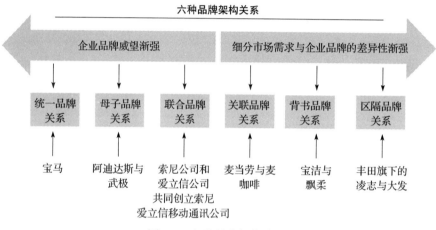

图 5-3　六种品牌架构关系

统一品牌关系指的是不同门类的产品或者同一门类的不同细分市场产品共享同一品牌，所以这种品牌架构也叫作单一品牌架构。统一品牌的应用具有强制性，同一品牌名称必须对应同一品牌标识。比如宝马就是典型的统一品牌关系，除了额外收购的劳斯莱斯和 MINI，其他车型都使用 BMW 这一个品牌名称，只是以数字和字母组成的型号进行功能划分，基本都在"宝马"的认知半径以内。统一品牌架构的优势是营销投资相对集中、简单，便于管理，而容易出现的问题是一旦某个业务出现问题，则使得整个品牌受损，另一个困境在于随着业务不断发展和衍生，单一品牌不一定能有效覆盖不同的业务线。

第二种品牌架构关系即母子品牌关系，即分化出的品牌沿用同一个"母品牌"，通过增加差异化定位的"子品牌"共同增强消费驱动作用，也便于区分同品牌下不同目标市场的产品系列。母子品牌的关键点在于母品牌定义品牌形象和边界，子品牌有着明确的细分市场区隔和差异化定位，但是都围绕着母品牌形成合力。阿迪达斯和武极就属于母子品牌关系，阿迪达斯提供国际化的一流品牌承诺，而武极则突出的是中国武术与运动元素，它们共同驱动消费者购买。

联合品牌是由原本独立的两个及以上品牌进行组合而形成的新品牌，组合后的品牌完全独立于原品牌，成为崭新的品牌。联合品牌通常是由合资或并购产生的。例如，普华会计师事务所（Price Waterhouse）和永道会计师事务所（Coopers & Lybrand）正式合并为普华永道（Price Waterhouse Coopers Consulting，PwC），索尼爱立信移动通讯公司（Sony Ericsson Mobile Communications AB）则由日本索尼公司和瑞典爱立信公司各出资 50% 共同创立。

关联品牌关系更像是姐妹关系。各品牌名称中都包含了某个元素，在保持独立的同时与主品牌保持着微妙的联系。近两年高举高打的麦咖啡，只看名字也知道这是麦当劳旗下的咖啡品牌。它既能以独立咖啡店的形式出现，又可以和甜品站一样附属于麦当劳门店。

在中国市场一种更常见的品牌架构关系是背书品牌关系，通常以企业品牌作为母品牌，以显性或者隐性的方式为独立品牌背书，独立品牌作为主导的消费驱动力，经营不同的产品或者不同的细分市场。这种背书又有显性和隐性之分，前者的主品牌明显介入受托品牌的传播和视觉设计，后者的主品牌不会在受托品牌的传播和视觉设计中出现。在宝洁旗下所有品牌的产品包装上，都能看见显眼的蓝色"P&G"标志，而同为百胜餐饮旗下的肯德基、必胜客、东方既白等品牌的产品上，基本不会出现百胜餐饮的红色"Yum！"标志。得到背书的品牌能够以母品牌的资产获得消费者的信任，同时又展现出与母品牌的差异。

　　最后一种品牌架构关系是区隔品牌关系，指的是子品牌刻意与母品牌或者其他品牌之间保持距离，尽量避免消费者将本品牌与其他品牌进行关联，以保持品牌的高度独立性。区隔品牌通常是为了使子品牌在目标客户、品牌形象、个性、档次上与原品牌群形成鲜明差异，从而不受其他品牌的影响，也不影响其他品牌，以便独立经营新的目标客户群。丰田旗下的凌志与大发显然不在同一消费层级；奔驰旗下的迈巴赫与精灵尽管是"一家人"，同样有着明显的占位区隔。当然，由于区隔的品牌是一个独立发展的角色，不能继承或者借助母品牌的资产折射，所以往往需要投入巨大精力与资源才能保证成功。

　　当然业界对品牌架构还有更简单或者更复杂的分类，然而其内核本质依然是关注母子品牌的驱动关系。按照 Interbrand 的总结，品牌架构问题的出现背景一般可以归纳成以下三种：产业链或者竞争形态发生巨大的变化（比如 B2B 公司进入终端领域），产品线延伸带来了品牌架构问题（比如当碳酸饮料品牌开始推出茶饮料、果汁），企业资本整合后带来了品牌架构问题（集团扩张伴随的合资并购所吸纳的新品牌，与原有品牌整合出现问题）。

　　在并购中出现的品牌架构问题涉及两种典型方式，一种是选择品牌资产最丰富的品牌作为合并后企业品牌，最大化合并中的品牌协同效应。

　　霍尼韦尔公司的历史可以追溯到 1885 年，公司名称在 1963 年正式更改为霍尼韦尔公司，是自动化行业真正的"百年老店"。1999 年联信公司与霍尼韦尔公司合并，根据协议两家公司合并后共同使用"霍尼韦尔"品牌，今天的霍尼韦尔是由富有创造力的技术人员和出色的领导层创建和发展起来的。这些共同的价值观为公司注入了动力，它让新的霍尼韦尔公司集联信和霍尼韦尔的传统优势于一身。

另一种品牌架构整合的方式是被并购的品牌资产，作为并购方进入某一特定市场的品牌平台，起到原有品牌迅速切入目标市场的目的。2008 年 3 月，塔塔集团向福特汽车支付 23 亿美元收购了捷豹和路虎两大高端汽车品牌。不可否认塔塔集团支付的收购对价中相当大比重为两大汽车品牌在高端汽车市场积累的品牌资产，这为塔塔集团进入高端轿车及越野车市场提供了一条捷径，因此保持两大品牌的独立性成为塔塔集团实现收购价值最大化的必然选择。

正如我们在前文中所说的六种品牌架构关系皆有优势和劣势，所以某种意义上品牌架构决策是一种平衡的艺术，平衡母品牌决定的共性和不同业务的个性，平衡资源的投入以及品牌的差异。除此之外，最容易犯的一个错误是把品牌架构等同于企业的组织结构，须知这两大概念一个是客户或者市场认知视角，一个是内部权力视角，两者有巨大差异。品牌是衔接企业与客户的桥梁，一个科学合理的品牌架构应该是清晰又协调的，在此基础上建立的品牌组合，不但能够直观展示出企业内部业务或产品间的从属关系，而且决定了企业展开目标客群沟通的优先级，也直接影响了企业在不同品类和赛道投入的资源量级。因此，企业在品牌分化上需要保持清醒和克制，不同发展阶段需要反复斟酌，必须根据自身资源和业务发展的实际情况，做出适当调试、整合甚至削减，才能平衡品牌资产，实现品牌增值。

本章从单一品牌的维度塑造和多品牌的构架体系展开，讨论了企业如何从智、情两方面规划品牌，通过新品牌五度和品牌组合与架构来打造品牌增长。在本章结尾我们想补充一点，关于业务扩张中使用多品牌和单一品牌历来有诸多争论，这个争论甚至多次发生在此领域的

大师之间。2013 年，本书作者之一王赛在日本东京参加世界营销峰会
（World Marketing Summit），参与者有"现代营销学之父"菲利普·科特
勒、"定位之父"里斯、品牌资产开创者戴维·阿克、"整合营销传播之
父"舒尔茨。论坛中这些营销战略咨询领域的泰斗辩论激烈，可谓华山
论剑，其中就有戴维·阿克和里斯就"到底有没有企业品牌"以及"品
牌是否应该覆盖多业务"在台上争得面红耳赤。里斯的逻辑是"一个品
牌覆盖一个业务，切忌品牌延伸"，而当时戴维·阿克反击道"那么苹
果成功覆盖 iPod、iPhone、iPad，算不算品牌"。如果我们以中国市场
为例，定位派直指小米覆盖了多种业务，但是小米是中国企业中进入世
界 500 强榜单最快的公司之一。而从本章我们可以得到的启示是，品牌
在新五度上加强以及结构上优化，才能有效解决这个问题。2010 年，本
书作者之一王赛受邀去宝钢集团做顾问，宝钢 CEO 问他怎么看过去 10
年宝钢品牌的发展，是增值还是减值？对于这个极其尖锐的问题，宝钢
当时的 CEO 何文波先生自己给出的答案是"减值"。因为同样是大型集
团公司，华润从贸易到燃料、银行、电力、医疗，华润的品牌在不断裂
变、创造价值和增长，而当时的宝钢并非如此，品牌没有激活。于是宝
钢和咨询团队一起合作梳理宝钢的品牌资产和品牌组合与架构，形成了
宝钢集团 10 年内的品牌模式。2021 年，其品牌价值（宝武）按照世界
品牌实验室（World Brand Lab）的评估高达 1456.94 亿元人民币。

| 本章小结 |

▶ 品牌应该以产品的心智优势推动品类破局，从价值高度、场景强
度等五大维度塑造自身独一无二的形象，满足消费者对虚拟自我

的渴望，并利用关系认同、情感驱动产生溢价。

▶ 随着业务的发展，单一的品牌和平面的架构逐渐难以满足消费者需求和市场需要，此时企业必须重新梳理品牌的结构体系，引入品牌组合，在企业层面形成不同的战略角色。

▶ 品牌核心价值指一个品牌承诺并兑现给消费者的最主要、最具差异性与持续性的理性价值、感性价值或者象征性价值，它是品牌最中心、最独一无二、最不具时间性的要素，亦是一系列品牌营销传播活动和价值展开的原点。

▶ 各类顶级咨询公司都会在品牌规划中设计人设温度，一个很重要的社会学假设是——既然品牌要与消费者共鸣，那么这种共鸣更容易在人（拥有拟人化设计的品牌）与人（消费者）之间发生。

▶ 场景强度希望探讨的是在何时何地品牌能够成为消费者心中的首选。消费者不是在购买产品，而是购买特定情景下的解决方案。

▶ 品牌社区在数字经济时代兴起，品牌的参与感将消费者的认知盈余充分激发出来，能否与消费者建立起可持续互动的关系，是今天判断品牌建设成功与否的重要标准，品牌与消费者的交易达成并不意味着客户关系的真正建立。

▶ 记忆深度要解决的问题非常明确——在消费时空内建立强烈的情感与多种感官刺激时刻。深度不仅仅是简单记忆品牌的位阶，更是其品牌与消费者所构建的深度联结。

▶ 品牌要尽可能增加"存储时刻"，而存储时刻不只建造在广告传播之上，亦是感官输入整合设计的结果。这也是有记忆深度的品牌往往是感官品牌的原因，感官品牌将五感记忆进行规划，拥有完整的视觉、听觉、嗅觉、触觉、味觉符号体系。在中国市场上，我们经常所听到的"视觉锤"等概念，其实仅为这套系统的部件。

▶ 品牌组合是表象，其背后的细分市场选择、目标客户定位才是驱动品牌组合的关键。品牌只是这种市场营销战略中冰山浮在水面以上的部分。

▶ 一个科学合理的品牌架构应该是清晰又协调的，在此基础上建立的品牌组合，不但能够直观展示出企业内部业务或产品间的从属关系，而且决定了企业展开目标客群沟通的优先级，也直接影响了企业在不同品类和赛道投入的资源量级。

第 6 章

全域链路

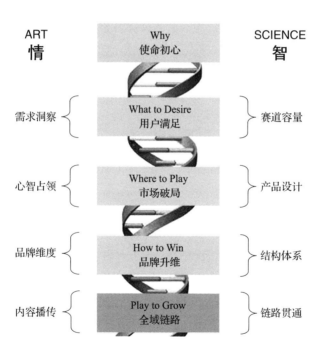

ART
情

Why
使命初心

SCIENCE
智

需求洞察 { What to Desire
用户满足 } 赛道容量

心智占领 { Where to Play
市场破局 } 产品设计

品牌维度 { How to Win
品牌升维 } 结构体系

内容播传 { Play to Grow
全域链路 } 链路贯通

01　迷思的十年

过去十年是中国消费行业魔幻的十年。高速增长过后，才是考验品牌真功夫的时刻，营销人如何才能有效推动品牌的增长？

回望"过山车"式的十年营销发展历程：2013年，微信刚出现2年，淘宝天猫转型移动互联网；2015年，拼多多成立，社交电商初见雏形，美团和大众点评合并，社区电商开始兴起；2017年以后，抖音、小红书崛起，开启"内容为王"的时代；2020年新冠疫情背景下，社区团购走红，兴趣电商、买手电商方兴未艾，不断摸索前行。伴随着内容和营销渠道的变迁，直播、短视频、OTT、KOL推荐、私域营销等新型营销模式层出不穷，大数据、人工智能和云计算等前沿网络技术也不断驱动着营销技术的发展。**这十年对于营销人来说是"迷思的十年"，营销技术更多、更复杂，但是营销人却越"卷"越困惑**。具体来说，我们看到了三大变化。

第一，**流量满了，品牌弱了**。71%的CMO倚重立竿见影的营销投入[一]，效果衡量越看越短，导致品牌日渐式微，2023年全球百大品牌的价值缩水超过20%[二]。

第二，**内容碎了，认知浅了**。2021年，94%的CMO认为千人千面的数字化营销是最主要的工作职责[三]，首次超过了品牌建设。千人千面越做越多，但效果存疑，消费者平均能记住的互联网广告只有两三个[四]。

[一]　CMO outlook Survey，2020。
[二]　凯度BrandZ™最具价值全球品牌排行榜，2023。
[三]　The CMO Survey，2021。
[四]　凯度2021年中国城市居民广告关注度研究。

第三，**触点多了，关注少了**。电视，这个十年前最主要的媒体日到达率下降一半[一]，媒介触点不断碎片化，同时人的注意力平均只有 8 秒[二]，高效触达越来越难。

迷思的十年，平台玩法层出不穷。在中国互联网，每 60 秒就会产生 830 万次抖音短视频观看量、8181 单拼多多成交量、1.87 亿元支付宝交易金额，有 88.3 万名消费者在淘宝网购……鲜活的数字背后是 B2C、O2O、独立商城、各类社交及媒体平台，层出不穷的平台模式和玩法，以及衍生出的不断壮大的广告体量。贝恩公司总结了来自 eMarketer、QuestMobile 和 iResearch 的公开数据并做了统计分析，将广告分成品牌广告和效果广告两部分（品牌广告包括电视、广播、报纸、杂志以及户外广告等大曝光广告，短视频及社交媒体的开屏广告，长视频平台的贴片广告等。效果广告包括电商广告、短视频及社交媒体中直接驱动销售的信息流广告、搜索引擎广告等）。**品牌广告近十年在整体广告预算中的占比从 2013 年的 80% 下滑到 2022 年的 30%**。这个比例近十年的变迁可谓是触目惊心，展示了营销人违背品牌初心的窘境。

显而易见，在数字化传播和新零售时代，品牌和商家更关注流量和转化，效果广告应运而生。同时，在效果广告的加持下，新消费品牌通过大量的"小红书种草 + 抖音短视频推广 + 主播带货"迅速起量，这套"流量密码"甚至让许多品牌一跃成为网红。

然而，在平台红利期通过耕耘玩转流量，拿到短期的销量，最多是习得了"行为的科学"，并不等于掌握了"心智的艺术"。因为对任何品牌而言，品牌即消费者心智才是长期的流量。阿里妈妈数据显示，新品

[一] 凯度 2021 年中国城市居民广告关注度研究，中国广视索福瑞媒介研究。
[二] Microsoft Study：Attention Spans，2015。

牌在天猫的存活率较低，2017 年入驻天猫的新品牌 24 个月存活率[一]仅约为 15%，而 2019 年入驻天猫的新品牌 24 个月存活率甚至不到 1%。因此，只靠流量加持的效果广告，网红易，长红难（见图 6-1）。

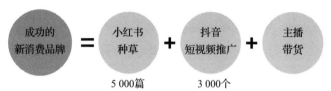

图 6-1　网红易，长红难

资料来源：阿里妈妈、案头研究、贝恩分析。

要想业绩可持续发展，在短期的效果之外，建立长期的品牌才能实现中长期的稳定销售。事实证明，在流量至上的时代洪流中，农夫山泉、百威、特仑苏、麦当劳、瑞幸、欧莱雅、娇韵诗这些坚持品牌向投入的品牌才能穿越周期。

那么到底如何应对流量打法，品牌广告和效果广告到底对增长有何影响？英国权威广告研究机构 IPA 在 2013 年出具的研究报告 "The Long and the Short of It" 中，追踪了约 80 个子品类里 700 多个品牌过去 12 年来的营销内容和效果，对比发现，效果广告能够短期促进销量的提升，但只要停止投放，销量就会回到原点，且在长达一年的周期里，并没有形成累积效应。相比之下，品牌广告虽然起初并没有达到效果广告的销量水平，但是会逐步积累品牌的基线值（见图 6-2）。从时间来看：

　　[一]　24 个月存活率 = 两年后店铺持续经营的数量 / 两年前入驻天猫新品牌总数。

- ▶ 六个月的时候品牌广告的效果已经可以追上效果广告。
- ▶ 一年内品牌广告的效果就能成功超过效果广告。
- ▶ 品牌广告复利效应随时间增加逐渐凸显，三年以上品牌广告的销售驱动是效果广告的三倍。

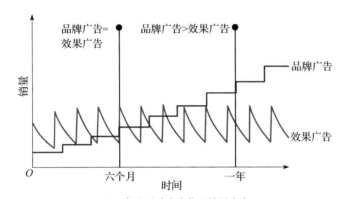

a）一年内品牌广告优于效果广告

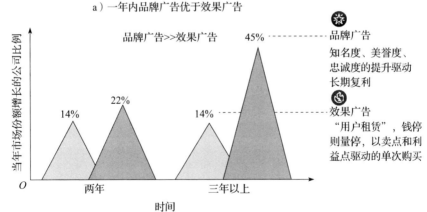

b）复利效果形成长期品牌效应

图 6-2　品牌广告和效果广告对增长的影响

　　数据显示，报告发布的 2013 年，品牌广告坚持投放超过三年的公司中，有 45% 当年实现了市场份额增长，而坚持三年投放效果广告的公司中，只有 14% 实现了市场份额的增长。这是因为效果广告以卖点和利益点驱动单次购买，相当于"用户租赁"，钱停则量停。而品牌广告则关注认知，相当于用户投资，通过知名度、美誉度、忠诚度三个阶段的耕耘来驱动长期复利。同时，有效的品牌广告能进一步降低效果广告的成本，提高曝光率和点击转化率，提升投资回报率。

品效平衡才能穿越周期

IPA 在当年论证中，首次提出 6 ：4 的广告投放黄金比例，该比例来源于数据经验的总结，即当年市场份额增长最多的公司，品牌广告和效果广告的投放是 6 ：4。这十年来随着数据的丰富和研究的进一步深入，黄金比例得到反复验证。2016 年，IPA 在报告中使用市场份额、利润增长、品牌建设、投资有效性等多种维度衡量，证实最佳比例均为 60 ：40 左右；2018 年，IPA 扩充理论至属于不同行业、品类、发展阶段等的品牌细分最佳比例，也都围绕黄金比例波动。2023 年已经是黄金比例首次发表的十周年，近期 IPA 发布十周年回顾文章，雷·比内（Les Binet）持续跟踪领先品牌（Apple、Amazon、John Lewis），强调品牌建设的长期主义，加强和用户的情感联结，验证**品效平衡的黄金比例**在数字化时代依然有效。

所以，这就要求营销人回归本质，重新出发，通过品效平衡、智情结合来推动品牌双螺旋的最后一环：全域链路。

▶ 情：内容播传，如何通过"1+N+X"内容和媒体的结合，树立长期的**品牌热爱**。

▶ 智：链路贯通，如何在消费者的关键行为决策点上布局，引导消费者购物决策的**效果转化**。

02 内容播传

先看内容播传。之所以叫"播传"而非"传播"，是因为其核心意义在于内容的共鸣与转发，通过内容矩阵和媒体触点的有机结合，形成规模化精准的有效触达，从而建立起品牌的心智沉淀和长久热爱。

纵观营销十年变革，十年前，在媒体中心化时代，央视是无可替代的品牌传播主阵地，每年 11 月的央视广告招标结果被当作"中国经济的晴雨表"。十年间，营销进入去中心化时代，央视的品牌传播主阵地的形势已不复当年。随着平台和技术的发展，以抖音、快手、B 站、微信视频号为代表的短视频平台崛起，日活跃用户数量已达 10 亿级。千人千面的去中心化营销让品牌主趋之若鹜。

然而多样化平台、个性化信息、精准化触达对于营销而言，是进步还是迷思？过度依赖千人千面，品牌的建设举步维艰。

- ▶ 用户精准与信息茧房：一方面，千人千面可以根据具体营销需求筛选用户标签，实现对兴趣人群的精准触达；另一方面，仅触达兴趣人群，就会缺乏对潜在人群的教育能力，而广泛投放又受到成本限制，最终形成封闭的信息茧房。
- ▶ 个性化与碎片化：千人千面可以根据用户的习惯推送个性化内容，更好地激发用户阅读兴趣。用户生成内容（UGC）和 KOL 创作的内容看似丰富，但碎片化的信息无法形成统一的品牌认知。

○ 拥有此特性的媒介既可以规模化大范围触达消费者，又可以根据人群浓度精准圈选受众。

由此可见，今天的内容播传需要**再中心化**，建立"1+N+X"的组合，从内容和媒体打法两方面，共同形成规模化精准（见图 6-3）。

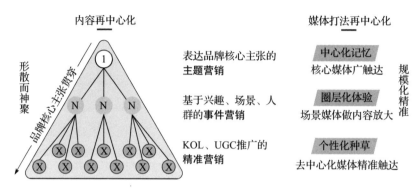

图 6-3 内容和媒体打法再中心化

注意力碎片化、营销去中心化，在种种变局之下，是不是内容营销就可以自由发挥？答案是否定的，在这个时代，品牌更需要**形散神聚的内容矩阵和规模化精准的媒体组合**。

- ▶ "1"是表达品牌核心主张的主题营销。通过鲜明的创意主张、直击人心的故事与核心媒体投放结合，形成品牌的中心化记忆。
- ▶ "N"是基于兴趣、场景、人群的事件营销，为用户提供超越预期的体验，并且通过场景媒体加持，形成内容破圈影响。
- ▶ "X"是 KOL、UGC 推广的精准营销，通过个性化种草，实现口碑式转化。

在所有的内容设计中，品牌核心主张应该贯穿始终，实现**形散而神聚**。围绕用户痛点提出品牌核心价值点，并将其具象化，落到鲜明的主题上，围绕主题，针对不同人群进行事件营销，提供讨论话题及情

绪价值。品牌应从内容的再中心化出发，一以贯之落实到具体的媒体
打法。

1：鲜明的品牌创意主张、直击人心的故事

刚刚迈过 21 世纪的门槛，麦当劳就陷入了棘手的困境：公司出现
亏损，股价一路跌到几年以来的最低点，门店接连关闭……而在中国市
场，麦当劳的表现也不及前后脚进入中国市场的肯德基。种种问题的根
源在于，对"70 后""80 后"消费者而言，麦当劳"不够年轻"。在之
前 50 多年的发展中，麦当劳一直坚持走儿童和家庭路线——通过推出
吸引儿童的产品来带动家庭型消费。可是随着社会不断发展，年轻一代
婚育观念发生转变，24～35 岁的单身人士越来越多，这种不对称导致
麦当劳的品牌营销路线逐渐偏离核心消费人群，连带经典标识"麦当劳
叔叔"都被认为过时。

2002 年，麦当劳任命了新的全球 CMO 拉里·莱特（Larry Light），
并着手研究品牌升级计划。2003 年 9 月，麦当劳正式发布全新品牌主
张"我就喜欢"（i'm lovin'it），并首次在全球范围内的 100 多个国家和地
区发起整合营销传播活动。相比之前辐射全年龄段的"微笑"，"我就喜
欢"将目标明确指向了年轻人，在具体的执行过程中更是邀请消费者围
绕"自我"大做文章，成功地用一个鲜明的品牌创意主张一石二鸟，既
将卖货促销转变为消费者主动参与，又推动了品牌年轻化。

以当时针对中国市场的种种举措为例，麦当劳签约姚明作为品牌全
球形象代言人，邀请歌手创作并演唱中文版广告歌《我就喜欢》，与年
轻用户众多的中国移动达成合作，门店播放"我就喜欢"主题相关宣传
影片等。此外，麦当劳还推出线下活动，只要顾客进入门店对服务员大

声喊出"我就喜欢",就能免费得到一支圆筒冰激凌。虽然在不同国家和地区,麦当劳采用了多样化的营销内容和渠道,但是都高度聚焦于"我就喜欢"这一核心主张,一系列努力带来的革新效果可谓立竿见影。2003 年 11 月,麦当劳全球营收增长近 15%,其中亚太地区增长 16.2%,成功实现逆风翻盘,而这一切都源于一个更加鲜明、更加聚焦的品牌创意主张。

有了鲜明的品牌创意主张,还需要有直击人心的故事。有故事的品牌更惹人喜爱,更能给顾客留下愉悦且难以忘怀的消费印象。在这个注意力如此分散的时代,故事天生具有吸引受众并让他们抓住品牌焦点的独特能力,也是市场营销中最有价值的资产。正如广告公司 DDB 的全球主席基思·雷哈德所说:"无论技术如何翻新,人性的根本特征其实没有变过,'讲故事'是有史以来最有效的沟通方式。"可口可乐就是一个自带故事的品牌。从诞生到现在,它的配方已经被严格保密管理了近 140 年。最初药剂师约翰·彭伯顿发明了这款作为头疼药却意外味道不错的饮料,后来阿萨·坎德勒从彭伯顿手中买断配方创立可口可乐公司,并对配方执行严格的保密措施。1919 年,欧内斯特·伍德拉夫收购可口可乐公司,将唯一的书面版本秘方存入银行保险库,直到 92 年后,这份文件才重见天日,它被放进了位于亚特兰大的可口可乐总部的金库里,人们可以远远地参观,但是具体内容依然保密。关于这份传奇秘方,有各式各样的说法流传。据说为了保证秘方不外泄,同一时期内公司只有极少数员工知道详情,他们不能一起旅行或者搭乘同架飞机,以防出现意外。当其中一位员工去世时,其他人将在公司内再择"继承者"告知其秘方,当然这些员工的身份本身也是个谜。同样也是为了保密,制作可口可乐的原料是以编号标记运至工厂的,工厂经理只知道每个编号的比例和调制程序，但是不知道具体成分。2006 年，曾有三名员工想将秘方以 150 万美元的价格卖给百事可乐，被亚特兰大法院判监禁 8 年（不过可口可乐声称那只是一些内部文件，秘方不在其中）；在 2011 年网络疯传的"配方解密"声浪中，可口可乐公司直接表示"产品的所有成分都标在包装上，大家尽管去尝试破解"。总之，历经长达一个多世纪的传播、发酵和沉淀，这份无人可破的秘方本身就成了品牌最好的故事和营销手段。

除了"与生俱来"的故事，当品牌发展陷入瓶颈时，为消费者讲述吸引人的故事有可能成为全新增长点。宝洁旗下的 Always 是美国市场排名第一的女性护理品牌。市场研究机构 Statista 的报告显示，2020 年 Always 市场占有率超过 32%，这意味着它被 3 485 万名女性消费者所选择，远远领先所有对手。可是就在 10 年前，Always 也曾陷入业绩下滑的危机，尤其失去了对 16 ～ 24 岁女性的吸引力。这一年龄段的女性不会轻易更换她们的选择，一旦丢失这一客户群体，关系可能就是永久性的断裂。

为了重回巅峰，Always 必须和年轻一代的消费者建立起更紧密的联系，而不仅仅是简单地告知产品优势。Always 意识到，应该考虑从理性主张向感性共鸣过渡。于是品牌内部重新梳理了女性成长历程中的心理变化，发现在进入青春期后，女孩们的正向情绪会明显减弱，体现为自信下降、自尊降低，等等。而青春期恰好又是她们从"女孩"过渡为"女人"的关键时期。

为什么会这样？ Always 又进一步探索其中的缘由，发现正是在青春期，女孩们开始接触到那些针对性别的刻板规训，比如女孩要美丽、苗条、顺从、文静。同时她们也发现，当一个男孩被指责或嘲笑"像个女孩"时，往往意味着他表现不佳。可是这不就意味着，女生天然不如男生优秀吗？林林总总的陈规和话语，潜移默化地影响了女孩们对自己的认知，遗憾的是，这种影响几乎是不可避免的。基于这一洞察，Always 在 2014 年发布了一支短片 *Like a Girl*，记录下对 100 多位不同年龄和背景女性的采访。当被要求"像女孩一样"做动作时，那些已经度过青春期的女性摆出的姿势大多数带有强烈的性别特征，但是那些尚未到达青春期的女孩则表现得毫无束缚。

这种难以言喻的变化被直观地呈现在镜头前，效果可谓震撼。围绕 *Like a Girl*，Always 打响了同主题的营销战役"LikeAGirl"。这场活动在各个方面都取得了成功，在短短三个月内，大众对品牌的积极情绪达到了 96%，普遍展示出对 Always 的喜爱。社交媒体上的反响也极为热烈，品牌在推特和 YouTube 上的粉丝数都飞速上涨，视频本身的观看次数超过 9 000 万次。这一切都直接拉动了消费者的购买意向和品牌偏好，在目标人群中的购买意向涨幅超过 50%。在 2015 年的戛纳国际创意节上，*Like a Girl* 拿下了公关类全场大奖，公关类评委主席林恩·安妮·戴维斯如此形容这个作品："不仅与女孩对话，还引发成年女性等整个社会群体的共鸣，已然超越了文化的边界，由此蓄积起改变世界的力量。"甚至联合国也承认 *Like a Girl* 的巨大影响力：2015 年 3 月，Always 因其对全球女权的积极影响而获奖。

有了鲜明的品牌创意主张、直击人心的故事，在今天内容极大丰富化的环境下，品牌还需要核心媒体广触达，形成中心化记忆。业内经常被问到的一个问题是："像可口可乐这么著名的品牌，为什么还需要这么多的广告投入？"2021 年，皇后学院媒体研究教授玛拉·爱因斯坦在发表的论文中提到："只要是品牌，就算是可口可乐这种级别的大品牌，也应该花更多的钱打广告。"一切只为了确保你的品牌能常常出现在人们面前，这样即便是在经济不景气的时候，大家也能记住你，这就是所谓的"心智第一性"。她说："正因为如此，2021 年可口可乐在广告上的花费是 2020 年的两倍。"的确，可口可乐需要持续招募新一代消费者，也需要在现有消费者中形成中心化记忆，在特定场景下成为心智第一性高的选择。以圣诞场景为例，可口可乐几十年持续耕耘，建立圣诞欢聚与可口可乐的品牌情感联结，塑造消费者的饮用习惯。2013 年，汤姆·奥克利研究发现：在消费者心目中，圣诞节天然容易让人生出关于幸福、感动和快乐的积极情绪。在可口可乐花大力气做圣诞节广告之前，它并不会在这个节日激发消费者特别的情绪，因为那时还没有建立起品牌联想。然而，通过在一系列知名电视广告中与圣诞节牢牢绑定，可口可乐开始能够引导消费者产生节日积极情绪，以至于此后即便只是单独展示可口可乐，消费者也会条件反射般地感受到快乐和幸福。这说明，可口可乐已经成功在消费者心目中建立起了与圣诞节相关的品牌联想。

从可口可乐到 Always 跨越了一个多世纪，鲜明的品牌创意主张、"讲好故事"仍是营销人不变的共识，而品牌在其他层面的战略目标，同样能通过直指人心的故事和品牌中心化记忆来赋能和实现。

N：超乎预期的体验、内容破圈影响

在传统的消费环境下，品牌采用的几乎都是典型的"交易型营销"，以快速达成销售为目的，用数字说话，只要能完成交易就行。可是在同质化竞争激烈的今天，如果还是只管销售而不注重体验，即便吸引了新客户也很难留存，复购更是无从谈起。许多曾经的知名品牌和经典产品

正在被当下的主流消费群体遗忘，原因之一就是未能提供给他们想要的"感觉"。

这微妙的"感觉"就来自品牌能提供的消费体验。何谓体验？它被定义为"人们在特定的时间、地点和环境下，形成的一种情绪或者情感上的感受"。消费者在做出决策时很难做到完全理性，更多情况下都是理性与感性兼具，他们不满足于冷冰冰的货架、说教式的推广，希望这一决策过程能满足他们的情绪价值。正如那句流传甚广的话："每一次你花的钱，都是在为你想要的世界投票。"于是，他们在消费前、消费中、消费后能否获得超乎预期的体验，也就成为培养品牌好感、凝结品牌忠诚的关键。从"卖货"进化到"卖体验"，这就是新旧营销的本质区别。

那么，如何才能提供超乎预期的体验？伯德·施密特曾指明方向，基于人脑模块分析和心理社会学研究，他将体验分为感官、情感、思考、行为和关联五个方面。品牌应以核心受众为目标，参照以上维度为消费者创造难忘的体验，建立情感上的强关联，并让他们愿意记住和分享这个品牌。华为 MateBook X 笔记本上市时，主打"超轻薄"的概念。除了性能出众，这款产品的最大亮点就是非常轻便，整机重量只有 1 千克，最厚处仅有 13.6 毫米，但市场上有许多笔记本都以"轻薄"为卖点，单纯陈列数据很难让消费者有直观感受。

在这种情况下，最好的办法就是从体验入手。在新品发布会上，华为消费者业务 CEO 余承东用两根手指夹住了 MateBook X，通过具体行为从视觉感官上呈现了产品的轻薄优势。紧接着，华为在上海静安大悦城中庭举办了一场"两指夹笔记本挑战"。规则很简单，现场摆放了 20 台不同品牌、型号的笔记本，人们可自行选择其中一台，尝试用两根手指把它从凹槽中夹起，只要全程夹住不掉，就能直接把这台笔记本带回家。如此好事吸引了众多参与者一试身手，可是真正操作起来才发现，原来有些笔记本只是看似轻薄，重量上依旧沉甸甸，仅靠两根手指发力很难夹起，必须思考其中的技巧。令人意外的是，最后的赢家是一位娇小的白领女性，她选择的正是 MateBook X，而且很轻松地完成了挑战。同时，这一活动还被华为移植到抖音平台上，并以挑战赛的形式展开。拥有 1 600 万名粉丝的头部 KOC 也拍摄了挑战视频，短时间内就收获了 207 万次点赞和 2.7 万条评论，大量搞笑类、科技类 KOL 紧跟进场接力，飞涨的活动热度又吸引了众多中腰部 KOL 和普通用户参与挑战。活动期间，抖音挑战赛聚合页观看量高达 6.8 亿次，还帮助话题外溢至更多社交媒体平台，微博"两指夹笔记本挑战"话题阅读量达到近 6000 万次，一举打造 MateBook X "极致轻薄"的核心认知。这一切仅仅源于一个简单的动作，或者说，源于华为提供给消费者的那份两指就可夹起笔记本的惊喜体验。

　　2021 年夏天，一句"蜜雪冰城甜蜜蜜"蹿红。这首使用了美国民谣旋律的广告歌曲，洗脑程度被称为"多听几遍基本刻进 DNA"，不仅疯传于各大社交媒体，还在抖音、B 站等平台催生出大量的二次创作作品。歌曲爆红之际，突然一条消息不胫而走：只要去蜜雪冰城店里大声唱出宣传曲，就能免费喝奶茶。于是人们蜂拥而至，许多 KOL 也将此视作"流量密码"，拍摄视频记录自己的挑战场面。在公开场合演唱品牌宣传曲，这种窘迫中透出尴尬、尴尬里带有兴奋的体验，不但让亲历者难忘，而且吸引大量线上用户，欲罢不能。偏偏蜜雪冰城又表示品牌官方从未举办过这个活动，让跑去门店唱歌的人们迎来"二次尴尬"，话题热度反而被炒得更高，"蜜雪冰城社死现场"一度进入抖音话题榜前列，相关视频累计播放超过 4.1 亿次，从用户、创作者到品牌方都沉迷其中。可以说，这是完全建立在体验基础上的"神来之笔"，已远远超出品牌和产品本身的范畴，而变成了一场网络时代的"全民狂欢"。

X：个性化种草、口碑式转化

在注意力碎片化的时代，口碑营销的重要性日益增长。KOL 盛景不再，KOC 正成为品牌新宠。不同于 KOL，无论是收入、水平还是内容风格，KOC 都要更加接地气、平民化，这正是他们的优势所在。根据 2020 年 7 月小红书披露的数据，平台内容创作者数量已经高达 3 000 万名，共计发布笔记超过 3 亿条。在互联网人口红利消退、流量瓶颈明显的当下，所有的品牌都希望能找到新的流量洼地，于是这两年私域流量火速崛起，与之对应的就是 KOC 群体的崛起。如果说成为 KOL 的前提是已经拥有一定的地位和名声，那么 KOC 就完全是私域起家，依靠人与人之间的社交链而成长壮大。比起有距离感的 KOL，越来越多的用户选择相信同一圈层的 KOC，毕竟他们的发言角度、看待产品的视角都站在"自己"这边。人们可以冷漠地拒绝来自陌生人的推销，却很难拒绝朋友间的诚恳种草。

对品牌而言，KOC 有能力在熟人社交的场景下带来可预见的转化。品牌对待 KOC 的方式也显著区别于 KOL——选择 KOL 资源作为内容发布渠道，就像买下了一个高曝光的广告位。尤其是那些粉丝达到千万量级的超级大咖，一条微博带来的曝光几乎抵得上一次传统媒体时代的纸媒广告投放。面对这样级别的声量与高昂的报价，品牌不得不分外慎重，KOL 表达的自由程度随之受限。相比之下，品牌和 KOC 合作要轻松得多。他们散落在各个圈层之中，自身影响力有限，且在内容上无须过多雕琢，因为 KOC 最吸引人的恰是平实和真诚，而品牌要做的就是激发 KOC 群体的创造欲，让这些分属不同垂直分类的博主们在多样化的场景中，通过多元化的表达实现种草，直接影响自己垂直分类的兴趣爱好者。但是我们也必须注意到，当合作对象由面向大众、"一对多"的 KOL 变成面向不同细分领域、"多对多"的 KOC 时，品牌的情绪洞察、信息提炼和内容分发能力将迎来更严格的考验。

越来越多的品牌正将投放大头从 KOL 转移到 KOC。轩妈蛋黄酥在 2017 年完成品牌升级后，加速了对全渠道的营销布局，包括在小红书、抖音、微博、微信、B 站等社交媒体的海量内容投放和精细化管理。除了进驻知名 KOL 直播间，邀请明星推荐，轩妈蛋黄酥还与大量 KOC 合作强化品牌口碑，仅在小红书相关笔记就达到 3 万余篇。江原道在推出新品温泉卸妆水时，联合抖音头部 KOL 发起"温泉贵妇脸挑战"，同时还在小红书、抖音平台与超过 60 位 KOC 合作投放内容，旨在引导更多用户参与话题讨论、分享使用心得，两周内抖音挑战话题下的视频播放量就超过了 700 万次，帮助品牌迅速建立起新品口碑。

同时，能否用好企业内部员工将其转型为 KOC，真正实现"从群众中来，到群众中去"？宝岛眼镜给出了肯定的答案。作为中国规模最大的连锁眼镜零售品牌，宝岛眼镜在发展历程中，几乎尝试了各种营销手段。最近几年，在流量红利见顶的情况下，宝岛眼镜逐渐把重心转移到深挖私域流量。2019 年一次与明星的合作，成了品牌营销转型的动机扳手——宝岛眼镜领导层越发意识到，对品牌而言，明星光环只能算暂时的流量加持，有一定的效果，但是不能归为品牌自身的资产，也很难实现粉丝的最大化沉淀，合作一旦终止便会大量流失。当然，不仅是明星推广，其他渠道的广告投放也是这个道理。于是，宝岛眼镜 CEO 王智民做出一个决策："我们8000多个员工自己学习不同的技能，然后在不同的平台做声量。"换句话说，在公域的广阔天地中，凭借企业内部孵化的内容体系来制造声量，再引流至私域流量池，唯有如此，企业核心的内容产出能力才能不断进化和迭代。一场"全员KOC"计划就此启动。

宝岛眼镜在企业内部发出"召集令"，以实际奖励号召员工从新人开始探索大众点评、小红书、知乎等不同平台的内容逻辑，学习怎样做用户交互和内容种草。在配镜相关的专业领域，相比外部KOC，内部员工自然更加熟悉专业知识，他们欠缺的是将自身经验转化为优质内容的能力。宝岛眼镜的品牌市场管理部门顺势转型为企业的内部MCN[⊖]机构，通过图文编辑、视频剪辑等的培训为有创意、愿意表达自己想法的员工赋能，在此基础上又展开内部KOC的精细化运营，形成源源不断的内容涌泉。截至目前，宝岛眼镜已有7000多个大众点评账号，员工几乎人手一个，此外还有800个小红书账号、200个知乎账号、近30个抖音账号以及800人的直播团队。以上渠道汇集的总浏览量超过1亿次。

从传统品牌自主创造出的原生内容，包括故事、广告等（"1"），到品牌基于兴趣、场景、人群的事件营销，为用户提供超越预期的体验（"N"），再到品牌引入外部资源合作制造的共创内容（"X"），合作对象有可能是KOL、KOC，也可能是其他品牌和IP，这些内容能够沉淀为品牌资产，是帮助企业获得短期关注与长期业务价值的重要战略资源。这需要品牌有着不同的内容产出能力和一个足够体系化的内容创造流程，应该坚持以品牌内涵定义边界，用创意核心激发各方的创造欲，

⊖ MCN：一种经济运作模式，其本质是对网红进行包装定位，并通过资本和团队的支持帮助网红生产内容，从而实现商业变现，因此提供MCN服务的机构也称网红孵化机构。

找到志同道合的伙伴合力传递品牌精神。这就需要构建一套完整的创意框架，品牌可以用"ABCDEF"的方法来创造和评估（见图 6-4）：

- ▶ 注意力（Attention）：创意素材是否准确传达了与消费者需求相契合的信息，因而足够吸引消费者目光？
- ▶ 品牌（Branding）：品牌的精髓或资产是否清晰地传达出来（通过统一的主题、一致的素材）？
- ▶ 沟通（Communication）：创新素材是否可以简单地被消费者理解？
- ▶ 穿透力（Dynamics）：创意素材是否足够有穿透力、记忆点，容易被消费者频繁提起？
- ▶ 情绪点（Emotion）：消费者是否在情感上与创意素材共鸣？
- ▶ 灵活性（Flexibility）：创意素材是否既针对各个媒介渠道定制化，又与品牌整体主题契合？

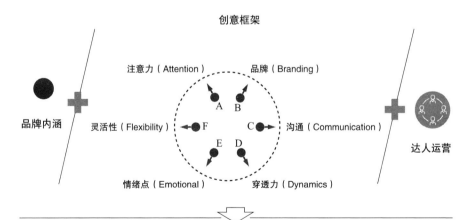

图 6-4 品牌体系化地制造内容的框架

不同形式内容（形散神聚）整合发力，在各触点达到足够的沟通频次，从而提升心智密度、打造圈层口碑。更重要的是，好的内容必然与公司品牌战略相协同，传递的内容必然与品牌核心价值体系紧密结合，最重要的是，内容播传的目的必然指向当期经营目标和长期品牌价值。

农夫山泉深谙品牌之"神"的力量，在"1+N+X"规模化精准上做得尤其出彩，穿越周期，驱动增长，以"我们不生产水，我们只是大自然的搬运工"作为品牌核心主张，建立国民化品牌记忆。从2014年起，农夫山泉通过分众电梯媒体引爆3分钟水源地系列广告片，万绿湖、峨眉山等农夫山泉水源地得天独厚的纯净生态环境，通过精致的画面、沉浸式的屏幕得以高质量呈现，没有高声叫卖，但是无声胜有声，天然健康的理念已经深入消费者心智。在品牌理念这一心智锚点之上，农夫山泉不断挖掘消费者潜在需求，延展消费场景，建立消费者购买理由，如随着消费者对于生活品质要求的提升，农夫山泉洞察"精致用水"的各个生活场景，包括煮饭场景"好水，煮好米"，煲汤场景"好水，煲好汤"，泡茶场景"好水，泡好茶"，布局上线城市分众电梯媒体，规模化精准覆盖主流人群，有效触发居家消费习惯，夯实人群心智。最后通过社交媒体上的营销活动和话题讨论，引发用户的个性化分享与参与，助力品牌持续焕发活力。可以看到，农夫山泉取得了卓越的成果，十年保持市场份额第一，且持续高增长，2018—2022年营收年复合增长超过13%，净利润年复合增长超过24%。

成熟品牌从"1"的中心化记忆不断延展"N"与"X"有着很多成功经验，而对于新锐品牌而言，尤其是对于通过个性化种草迅速崛起的新兴品牌而言，找到品牌的"1"，并成功破圈建立心智共识尤为关键。Ulike脱毛仪就是这样一个通过"1+N+X"媒介矩阵合力，实现销量从量变到质变的例子。Ulike 在初创期，精准捕捉到了价格适中、体验佳的家用脱毛仪需求空白，并持续迭代打磨爆品，通过社交媒体种草，夯实核心用户心智，实现基本盈利。但是只做社交媒体种草信息茧房严重，存在增长瓶颈，于是品牌补充了"1+N"的媒介矩阵进行生意破圈。首先 Ulike 通过线下中心化媒体投放，高举高打，建立"脱毛仪=Ulike"的品类心智共识，形成品牌的"1"。然后通过搭建使用场景，丰富圈层化体验，触发购物欲望，如万宁海滩"辣妹请举手"线下活动创造需求场景，再通过大曝光让核心媒体聚焦"夏天脱毛节"放大场景声量，推动产品迅速出圈。同时借力初创期积累的平台运营流量承接能力，通过社交媒体持续种草，进行话题发酵，如在快手发布"辣妹请举手"挑战赛互动话题等。媒介矩阵的完善与升级帮助 Ulike 成功突破增长天花板，三年销售额从 10 亿元提升至 50 亿元，连续七年登上天猫脱毛仪品类销量榜的首位。

成功的品牌心智打造，在内容上要做到神聚形散，把品牌核心主张和定位落到圈层化影响和个性化种草，同时，优质内容也必然要配上规模化精准的核心媒体选择，通过广触达的中心化媒体、圈层化的场景媒体以及千人千面的社交媒体，将核心媒体触点进行整合规划，达到足够的触达广度和沟通频次，从而强化品牌的记忆深度和心智浓度。

03 链路贯通

谈完内容播传，我们再看品牌双螺旋的右侧，智层面的链路贯通。"链路"亦是数字时代营销中最热门的一个词，业界为什么对"链路"如此乐道？我们认为有三个原因。

原因一，正如我们在前文中所说，对于理论界，整合营销传播实施土壤被侵蚀。随着影响消费者的触点、媒介在数字时代中被碎片化，一元化的整合营销传播失效，过去一个洗脑的广告就能引发全国消费者购买热潮的时代一去不复返。今天的新兴品牌，无不拥有数字化全域运营的基因。

原因二，对于品牌主，营销费用并不算低，而营销传播效率的度量却是圈内难题。中国营销界发生过所谓"流量广告 vs 品牌广告"之争，而现实是流量与品牌之间并非对立概念。

原因三，对于平台商，不同互联网公司（腾讯、阿里、抖音、小红书等）都基于自身的数据平台，提出基于自身链路的营销传播方法论，但是不同的平台由于数据维度不同、在消费者旅程中扮演的重心不同，使得百家争鸣，企业可能需要有更大视野的"消费者—数字驱动全景"。

在展开讨论"整合营销传播"如何转向"营销传播链路"的方向、地图以及操作细节前，我们做出三个具体洞见。

洞见一：链路并不仅有一条，应该有五条链路。它们是消费者心理链路、消费者行为链路、企业行为管理链路、媒介布局链路、营销效率测量链路。五条链路需要系统一致，比如媒介布局链路需要和消费者心理链路、消费者行为链路匹配，如不匹配，在线下不管投放多少广告，也会造成链路不通，无法有效驱动消费者购买。

洞见二：真实的营销中，以消费者为中心转向以消费者决策为中心。如果链路的设计不指向消费者决策，那么只有品牌自娱自乐的意义。从影响消费者决策行为的环节入手来谈链路，企业所谓的品牌广告和流量广告才可以有的放矢。

洞见三：数据与行为可以通过 A/B test，围绕链路优化验证。在数字时代，消费者行为比特化，使得企业可以动态决策。企业可以依据分类测试、对比、优化，再循证式投入，这就是波普尔所言的科学之"可证伪性"，而非那句营销传播投放的名言——"我知道一半广告打了水漂，只不过我不知道是哪一半"。营销效率围绕营销影响的行为路径来监测、闭环。

纵观全球，目前关于数字时代营销链路的研究成果，主要来自三类领域：营销学界、企业界，以及两者融合的增长黑客界，对应三类模型。

第一类：学者模型。学者模型中的代表是菲利普·科特勒先生及何麻温·卡塔加雅先生在《营销革命4.0》中提出的5A模型：了解（Aware）—吸引（Appeal）—询问（Ask）—行动（Act）—拥护（Advocate）。相较于发源于广告和销售的AIDA模型，5A模型描述了一个典型的数字时代消费者被动接受信息、激发兴趣、主动获取信息、购买和再传播的全过程。

第二类：企业模型。国内外许多互联网企业都基于自身业务推出了自己的链路模型，代表模型是谷歌提出的Micro-Moments Marketing模型，将用户搜索行为分为四种情境，包括好奇时刻（I-want-to-know moments）、探索时刻（I-want-to-go moments）、行动时刻（I-want-to-do moments）、血拼时刻（I-want-to-buy moments）。

阿里巴巴基于顾客行为数据提出AIPL模型来对顾客分组，A（Awareness）代表品牌认知人群，包括被品牌触达和进行品类词搜索的人；I（Interest）代表品牌兴趣人群，包括广告点击、浏览品牌或店铺主页、参与品牌互动、浏览产品详情页、品牌词搜索、领取试用、订阅/关注/入会、加购收藏的人；P（Purchase）代表品牌购买人群，指购买过品牌商品的人，针对新客；L（Loyalty）代表品牌忠诚度人群，这些人会进行复购、评论和分享等，针对老客。

抖音融合5A模型后提出了自己的GROW模型，包括品牌知名度

（Gain）、深度种草（Relation Deepening）、众媒养成（OwnedSelf-Media）和口碑建设（Word of Mouth）四个方面。

爱奇艺也基于其视频广告提出"AACAR营销模型"，包括引起注意（Attention）、产生联想（Association）、共鸣共识（Consensus）、购买行为（Action）、口碑（Reputation）。

第三类：增长黑客模型。 增长黑客模型即AARRR模型，是互联网运营界流传最广的链路模型，因为它从运营视角提出任务式链路，并且更适用于互联网产品，具体分为五个步骤：获取用户（Acquisition）、提高活跃度（Activation）、提高留存率（Retention）、获取收入（Revenue）和自传播（Refer）。

综合以上三类模型，我们会发现其提炼视角各不相同，它们之间的关系有待思考。有的站在用户心理视角，如5A；有的站在用户行为视角，如谷歌的Micro-Moments；有的站在企业行为视角，例如AARRR模型。然而，如果不指向企业经营目的，再多的链路模型也只是智力愉悦。

我们在咨询实践中发现，不同视角的链路必须有机结合，才能完成从分析到实践再到监测的闭环。因此，我们在业界融合并首先提出指向企业经营目的的5条链路。

▶ 链路1：消费者心理链路——消费者的心理进程。

▶ 链路2：消费者行为链路——心理进程对应的消费者行为路径。

▶ 链路3：企业行为管理链路——企业采取什么行动影响消费者行为。

▶ 链路4：媒介管理链路——通过什么媒介影响消费者行为。

▶ 链路5：营销效率测量链路——如何管理以上营销过程中的营销效率。

你会发现，这五条链路存在一个相互协同的逻辑，它能真正帮助企业完成决策传播费用投资与回溯的战略指向，以及定义"真结果"和"好结果"。但是在今天这个数据以及基于数据 A/B 测试贯通的时代，每个链路点都可以趋向量化和动态反馈。

消费者心理链路——消费者的完整购买心理进程

消费者心理链路最初由两位经济学家戴维·L. 马瑟斯博（David L.Mothersbaugh）与德尔·I. 霍金斯（Del I.Hawkins）在《消费者行为学》[⊖]一书中提出。他们认为，消费者的购买决策行为是在消费者"内心因素"和社会"外部因素"共同影响下发生的，而那些在消费者心智中上演的"内心戏"，就是市场营销管理中最隐秘和底层的链路。

通常，消费者心理链路被分为四大阶段：消费者需求唤醒—购买动机产生—广告信息处理和记忆—情绪和态度形成，在每个心理阶段，消费者都会表现出不同的认知习惯和偏好。聪明的企业会认真学习并掌握消费者的内心因素特点，通过综合各种外部手段，友好且有效地影响消费者的心智状态，进而影响消费者的购买决策和行为。而那些忽视消费者认知、记忆和处理信息特点的企业市场活动，将注定是低效和带来负面情感反应的。

雀巢在日本推广咖啡时，成功的秘诀就在于疏通了消费者心理链路。第二次世界大战后雀巢进入日本，将其视作有待开垦的巨大市场，但是很快问题浮现出来——尽管公司一直在打广告、做促销、赠送样品试喝，市场调查也显示目标人群很满意雀巢的产品，但是咖啡的销量就

　⊖　本书中文版已由机械工业出版社出版。

是迟迟没有起色。雀巢不得不承认，在这个喝茶习惯根深蒂固的国家，要让大众接受咖啡的味道和文化确实很难。

1975 年，雀巢将法国心理学家克洛泰尔·拉派尔（Clotaire Rapaille）请至日本，寄希望他能破解日本咖啡市场的难题。拉派尔对营销心理学颇有研究，他没有从雀巢的品牌和产品入手，而是试图探索存在于消费者心灵深处的情绪。在舒缓安逸的环境中，拉派尔邀请一些日本人回忆自己的童年，并让他们描述关于回忆中不同物品的体验和情感。果然，其中没有咖啡的位置。这些人从小都没有喝过咖啡，自然也谈不上什么特殊的记忆。

这就是问题的关键！拉派尔迅速将结果反馈给日本雀巢的领导，并提出想让习惯喝茶的日本人改喝咖啡很难，别再无休止地砸重金打广告了，应该尝试从更长期的角度解决问题，从消费者童年时期就开始培养他们的口味和习惯——比如，推出咖啡味的糖果。这不仅能让日本的孩子们适应这种味道，而且能让咖啡在他们的记忆中打下烙印，与童年阳光明媚的场景相联结。

雀巢马上采取行动，咖啡味糖果很快就在日本市场上大卖。更重要的是，10 年之后，吃着咖啡糖长大的孩子已逐渐开始工作，他们需要咖啡因提供源源不断的动力。在这种需求被唤醒后，雀巢顺势在日本推出最新产品便携式速溶咖啡，消费者产生购买动机后，童年的回忆又加速了品牌购买决策形成，日本的整个咖啡市场由此进入全盛时期。日本雀巢的咖啡糖被视作现代营销中的经典案例，它深刻展现出品牌能够通过影响消费者心理和行为获得成功的道理。

针对消费者心理链路，我们给出的建议是，品牌应通过综合各种外部手段，如广告与传播信息设计、传播信息曝光、购物环境及产品包装设计等，友好且有效地唤醒消费者需求、催生其购买动机，同时借助广告信息施加影响，最终推动消费者的购买决策和行为。

消费者行为链路——对应心理进程的消费者外显行为路径

2017 年，菲利普·科特勒提出了数字营销的 5A 模型，将复杂的消费者行为统一为通用的模型。从 5A 模型的子元素中可以看出，这个模型以消费者心理为起点，逐渐过渡到消费者行为。

这里面有一个隐含的假设是，基于心理和情绪的驱动，消费者会采取一系列相应的外显行为，这些行为可以被企业直接观察和管理。根据消费者在路径中不同环节的特点，可以帮助企业研究不同行业的关键特征。在数字时代，这些消费者外显行为可以被更加细致和全面地记录、分析和管理，这就是我们常说的消费者旅程。目前字节跳动就在使用科特勒的 5A 理论发展与衡量数字营销。

如果将消费者旅程转换成动作视角，即可进化出一条新的消费者行为链路，如图 6-5 所示。我们将其总结为 8 个关键动作："见""搜""入""比""进""购""联""扩"，并可进一步发展为企业抓住消费者的 8 个触点：看见、搜索、进入落地页或者详情页、与竞争对手比较信息、进店、购买、与企业平台联结（如注册会员、进入社群）、分享 / 裂变。

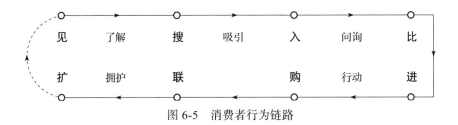

图 6-5　消费者行为链路

这条链路的最大优势是把"消费者行为"和"企业可以管理的行为"打通，不同的企业都在做内容营销，但是如果用这 8 个关键动作来考量，内容营销指向的意义会有所不同。以新能源车为例，品牌传递出的一些信息是为了"见"，让有潜在需求的消费者看到品牌信息；还有一些则是为了"比"，这就涉及品牌如何锚定，比如蔚来一直锚定特斯拉，其创始人曾在财报电话会议上直言"希望以比特斯拉更低的价格提供更好的产品和服务"。

消费者行为链路上的 8 个关键动作，又可以分为"购买前链路"和"购买后链路"两部分。前者为"见""搜""入""比"，消费者通过看见品牌、搜索品牌、进入搜索内容、将品牌与其他替代方案对比，来完成对品牌从"0"到"1"的认知，在这一阶段企业可通过内容与传播来影响消费者；后者为"进""购""联""扩"，消费者通过进入门店（线上及线下）、完成购买、与品牌的客户留存平台进行联结、拥护品牌并分享完成产品购买和扩散，企业可以通过新购物者营销[⊖]（New Shopper Marketing）来影响消费者，实现其更频繁地光顾和购买。

注意，正因为在每一个关键点上企业都可以有所动作，我们才将消费者行为链路单独划分出来。消费者的心理变化是相当复杂而微妙的，是否购买产品就在一念之间，品牌只能找到施力的大方向而难以进行更精确的管理，但是在消费者行为链路中，企业的施展空间要开阔得多。

天猫旗下瞄准"小样经济"的天猫 U 先，高度贴合消费者行为链路的关键动作。它的底层逻辑非常简单，通过小样分发获客，让消费者以极低成本试用美妆、零食等产品并收集反馈，拉动进店消费和会员增长，最终带动店铺整体生意，为刺激消费者完成下单铺垫。

比对消费者行为链路的关键动作，我们可以看到一个发生在天猫平

　⊖ 指基于对购物行为的了解，将来店顾客转变成购物者，或者借以构建品牌资产的营销方式。

台内部的"试用闭环":"见"——浏览天猫首页,被9.9元、4.9元甚至1元的极低价格吸引;"入"——点进落地页,直接跳转品牌旗舰店,展示新品试用信息;"购"——通过天猫U先购买小样试用,如效果理想则回购,购入正装概率增加;"联"——需先注册为品牌会员获得购买资格;"扩"——站内外一键分享。另外,拿到小样的消费者还需按约定写下UGC反馈并进入内容池,集中实现新品口碑蓄水,吸引更多人购买。一组数据可以说明这个闭环的能量:通过天猫U先,2020年资生堂拉新超过40万人,占全店新客量的80%;好奇纸尿裤派样120万份,引流超过100万名新客,实现了15%的回购率。

当然,这8个关键动作是我们根据品牌推广的共性总结出的最大公约数,不同行业链路长短不同。需要复杂决策的产品,其消费者行为链路往往较长,需要在每一个行为节点进行布局,避免消费者行为链路的断裂,汽车行业就属于此类;习惯性购买或者寻求多样性的产品,其消费者行为链路往往较短,需要在关键节点进行资源倾斜投入,促成消费者行为的转化,例如知名主播的直播带货活动,从"见"到"购"在几秒内就完成了,跳过了"搜""入""比""进"的步骤。建议企业根据业务的差别,适当延长或者缩短行为链路,并在不同环节施加影响。

企业行为管理链路——企业采取什么行动影响消费者心理及行为

企业行为管理链路是企业最实用也最关心的一条链路。如果说前两条链路是建立在消费者心理和行为上的分析型链路,那么从现在开始就进入了操作型链路。当消费者的行为发展到不同的触点阶段时,企业要决定是否要干预以及如何干预,从而影响消费者的最终决策,具体思路如图6-6所示。

图 6-6　企业行为管理链路

　　必须要强调的是，不同企业的消费者心理和行为不同，因此不同行业和企业的行为管理链路也不同。例如，过去 10 年里大量企业选择在"见"和"进"环节干预消费者行为——投放大量广告来占领消费者心智，再通过在店内张贴促销海报或者安排导购人员引导购买。这样的模式随着数字化渗透已几近瓦解，且不说因为投入巨资营销，轻视研发，导致利润下滑的香飘飘，前几年风口上的线上二手车交易平台，也因巨额广告投入导致企业偏离了良性的运营轨道。

　　相比"见"和"进"，新一代企业的操作思路更看重"搜""比""联""扩"这些与消费者口碑更紧密的环节。lululemon 先直接与消费者沟通，"联"结消费者，再通过小范围的分享会、品鉴会一步步实现受众"扩"散。又如在小红书"刷屏"的钟薛高，实际上是通过广泛布局内容等待被消费者"搜"到，因为这些内容能够被沉淀、被反复搜索，因此品牌获客边际成本大幅度降低。

　　在具体方案的实施过程中，企业如何准确判断消费者喜好，做出正确决策？此时可以考虑引入 A/B 测试，通过实验数据对比确定更优的方案。比如，悟空租车发现消费者在其平台从选车到付款的过程中有一个必经环节——押金交纳，而这一环节大大影响了下单转化率。于是，其通过 A/B 测试，用小流量进行对比实验。

> ▶ 对照组：现行支付流程，消费者在下单页面需要同时支付租金与
> 押金。

> ▶ 实验组：新方案，消费者在订单支付完成后，再进入押金交纳页。

测试运行两周后，团队发现实验组比对照组的下单转化率高 7%，增长非常明显。于是悟空租车对产品进行了迭代，在提升用户体验的同时，也为平台带来了 7% 的收入增长。当然，随着企业的逐步发展，应当形成对各个环节进行管理的闭环，这样每个环节的营销效率才可控，整体的营销投资回报率才能做到心中有数。

作为"互联网咖啡"的代表，瑞幸从初创时期就极为重视"购""联""扩"3 个环节，尤其是后面 2 个。以最吸引人的"邀一得一"为流量抓手，瑞幸发展出了多样化的导购和裂变打法。

> ▶ 邀一得一：通过分享给好友链接使其注册成为新客户并成功完成
> 第一单，双方可免费喝一杯（后改为邀请新客户下单成功双方都
> 得到咖啡折扣券）。

> ▶ 每周一发券：品牌微信公众号每周一上午推送 4.8 折～ 5 折优惠
> 券，通常伴随新品上市。

> ▶ 充二赠一：在 app 内购买咖啡券，买 2 张赠 1 张，买 5 张赠 3
> 张，偶尔有限时充一赠一的大促活动。

> ▶ 下单裂变：完成下单即可获得 10 张折扣不等的裂变券，还有机会
> 抽到免费饮品券，自己领完可以分享到微信群，喊好友一起领。

▶ 9.9 元特惠：对间隔较久未下单的回归用户开设 9.9 元专区，其可以 9.9 元任选一杯人气饮品。

▶ 百万大咖：每周购买商品数量满 5 件可分 500 万元奖金（平均能领 10 元微信红包），活动持续一个月。

媒介管理链路——通过什么媒介影响消费者心理及行为

企业确定要在哪些环节干预消费者行为之后，需要匹配合适的传播媒介，打通媒介—触点—顾客行为—顾客心理的链路，直指消费者决策。我们总结出了 8 个关键动作通常对应的媒介形式（见图 6-7）。

图 6-7   媒介管理链路

当今企业最应关注的变化是消费者注意力的变化，正如知名风险投资人大卫·帕克曼所说的"跟着注意力走"。尤其是近 10 年来，移动互联网高速发展，智能手机广泛普及，社交网络日益紧密，消费者注意力不仅从传统的电视、广播、杂志转向线上，更从网络"旧"媒体向更新的互联网平台转移。

　　这种转移正从根本上改变媒介取向。如今的年轻消费者，很大一部分注意力已经转移到了小红书、抖音、B 站等内容平台，这就要求传统的媒体投放模式进行变革。传统的媒体投放模式隶属于"单媒体时代"，崇尚"触达为王"，即最看重媒体触达率；现在品牌做媒体投放，则需要根据消费者行为灵活调动数字媒体，形成新的媒介组合。比如在"见"的环节，要依据消费者画像做出更精准的触达，"搜"的环节则要在百度、搜狗、微信、抖音进行种草，"比"更多依赖专业的垂直媒介，例如汽车领域的"汽车之家""懂车帝"等。但是媒体投放切忌面面俱到，每个环节点到为止，必须清晰地找到关键节点、全面打透，才有可能对消费者行为产生真正的规模化质变。接下来，我们将重点聚焦"见""入""联""扩" 4 个环节。

　　"见"：秒针营销科学院分析表明，在今天越来越碎片化的媒体环境中，新品牌或者消费者新行为需要高频触达（至少达到 8 次）才能形成高品牌认知和稳定的品牌喜好（见图 6-8），这和传统媒体时代的三打理论⊖有着很大的区别。同时，分众传媒也通过多年饱和攻击的有效实践证实了这种变化。正如江南春所说："传播的本质在于规模化的精准投放，消费者本质是遗忘，所以低频的品牌传播很难跟得上顾客遗忘的速度。分众做的事情就是在封闭的空间中反复出现。"在广告行业大盘回落的背景下，这两年分众依然表现亮眼，从完美日记、花西子到自嗨锅，新消费赛道的众多选手都将目光投向了强制性高频触达的分众，通过反复"刷脸"加强消费者对品牌的信任度、记忆度，同时也有利于横向突破品牌已覆盖人群，触及更多元的圈层。

⊖ 1972 年，心理学家及公众观点研究员赫伯特·克鲁门在《为何刊播三次就够》一文中确定了广告曝光次数的心理学关系，他主张第一次触达刺激消费者产生好奇，第二次触达使消费者产生认识，第三次触达足以对消费者产生作用，使其记起这条广告。

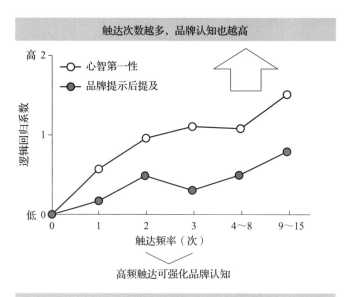

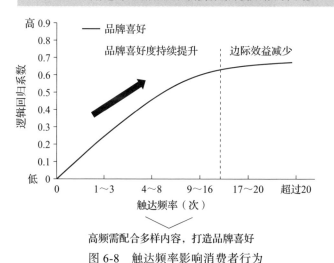

图 6-8　触达频率影响消费者行为

　　"**人**"：消费者从不同的媒介分发平台看到品牌相关内容后，需要一个集中的"着力点"以了解更多的品牌信息。过去这个着力点多半落在品牌官网，而在社会化媒体迎来大发展、大繁荣之后，从官方微信公众号、官方微博、官方抖音到小红书企业号、知乎企业账号，着力点分身为各个平台的品牌官方账号。这又引出了一个新的问题：顶着官方光环，品牌如何用合适的方式输出内容，将公域流量沉淀为品牌自身的私域流量？早在 2016 年，海尔就凭借人格化的形象塑造以及追热点、抢热评、日常宠粉等成为品牌官方微博的新标杆，被网友称为"80 万蓝 V 总教头"，如今这些行为已经成为官方微博运营的标配。中国联通刚开通 B 站官方账号时，发布的内容多为员工情景剧，表现平平淡淡，而在发布第一支"宅舞"视频之后开始疯狂涨粉，因为这种形式极受 B 站用户的喜爱。从那之后，中国联通长期采用此种形式，将自身的品牌元素、业务内容等融于"宅舞"中，并使用抽奖等手段进一步吸粉、固粉，如今已在 B 站拥有 70 余万名粉丝，视频总播放量超过 7500 万次。

"联"："联"的内核近似于我们常说的 DTC。历经百年，当下的营销思路已迥然不同，社交网络的出现让品牌低成本掘金成为可能。特斯拉放言"0 预算打广告"且不设置 CMO 岗位，但是总能吸引人们的视线，这有赖于特斯拉扎根社交媒体平台的"直通用户"策略。

单在 Twitter 平台上，特斯拉 CEO 埃隆·马斯克就已坐拥近 4000 万名粉丝。与其他企业家千篇一律的公关辞令相比，他表现得相当活跃，既发布公司的重要事件，也愿意分享私人感悟和研发过程中的体验，且频繁地与消费者互动，对争议和负面信息也并不回避。而在反馈的问题解决之后，他也会第一时间在 Twitter 上回复，可以说将社交媒体软件的功用发挥到了极致。当企业高管自身成为"网红"或者"商业偶像"时，简单的社交媒体软件也就变身为市场营销和消费者沟通的有力工具，进一步激发了特斯拉车主的品牌忠诚和自豪感，也为特斯拉吸引了更多的潜在消费者。

除此之外，特斯拉还时不时地"搞事情"。2018 年 2 月 6 日，红色特斯拉跑车 Roadster 搭乘 Space X 发射的火箭升空，整个发射过程在 Youtube 官方频道全球直播，不到 24 小时观看人数就超过了 70 万。2019 年 11 月，埃隆·马斯克发布了皮卡 Cybertruck，声称它将成为登陆火星的官方用车。以上种种行为无不精彩吸睛，引得媒体纷纷报道，后续的社交媒体讨论、"网红"聚焦、专家评价等更为特斯拉带来源源不断的长尾声量。通过持续传递可持续理念，在以马斯克为代表的人格化运营、打造品牌大事件等多重因素作用下，特斯拉的"0 预算"营销取得了巨大成功。

"扩"：即推动用户自主扩散品牌信息，裂变就是一个典型的扩散手段，而提到擅长玩裂变的品牌，很难绕过瑞幸。瑞幸一个非常突出的方法论就是裂变拉新，它认为一切产品皆可裂变，一切创意皆可分享。回顾瑞幸的发展史，能在短时间内迅速扩张，很大程度上得益于这一模式。

在品牌问世初期，瑞幸就搭建起一套低门槛、高回报的邀请机制。A 只要注册成为瑞幸的用户，就能免费享受一杯咖啡。如果 A 把邀请链接发给好友 B 并注册成功，两人将各自获得一杯免费咖啡。这意味着如果 A 邀请了 10 位好友注册，他将获得 10 张免费饮品券。而在每一位新用户下单完成后，双方都将获得一次分享优惠券包的机会，内含 10 张折扣不等的优惠券，如果点击链接的是新用户则将自动进入注册流程。这样"无孔不入"的福利＋裂变打法让瑞幸的新用户迅速实现了指数级增长。

2020 年起，瑞幸进行了拉新福利调整，成功邀请好友购买咖啡的用户，可以领取饮品抵用金，而非直接免单。首次邀请成功获得的抵用金为 20 元，而在成功邀请第 2 位好友和第 3 位好友后，仍可依次领取 18 元的饮品抵用金。此项机制使得潜在推广人群达到了范围最大化，用户邀请也更容易达成。

从完整营销链路的层面考量，王饱饱则颇有心得。从 2020 年年初开始，王饱饱明确其营销投放原则——"三层曝光"：最外层是基本的品牌宣传，先让广大消费者知道王饱饱这个麦片品牌；中间层增加健康且好吃的品牌特性，进一步圈住目标人群，加深他们对品牌独特性的了解；核心层则是以促销等效果广告促进转化。这三层叠加，就是一套立体的"品牌认知—品牌定位—品牌转化"营销逻辑。王饱饱通过立体曝光模式建立起品牌在消费者心中的认知度，进而影响消费者行为。有关数据显示，王饱饱在社交媒体等平台上的提及率高于其他同类品牌。来自天猫的数据也显示，80% 以上的用户都是搜索"王饱饱"直接进店，而不是在麦片关键词下进入王饱饱店铺。

营销效率测量链路——如何管理营销过程中的营销效率和效果

营销最大的迷思就是如何衡量效果。企业市场部中最常见的困扰就是"申请不到预算"，其背后深层原因正是传统广告效果不可测，导致市场部没有申请预算的依据，上层领导也存在颇多疑虑。诚然，针对传统户外广告也有千人展示成本（CPM）和转化率（CVR）这样的简单估算指标，但是这种传播方式得出的结果可称为"薛定谔的转化率"，对企业来说就是一场难以预料结果的赌博。这就需要营销效率测量链路（因果关系优化短期带货效果）和品牌效果度量方法（归因方法研究品牌长期影响）。营销效率测量链路就是专门用来管理以上过程中的营销效率和品牌效果。

营销效率测量链路的加入，有两个重要意义：第一，帮助企业更好地观测营销全局，更有针对性地在弱点环节进行补强，达到整体效率最优，避免木桶效应；第二，对企业的市场工作进行不同指标间的量化管理，例如，在转化率固定的情况下，可以倒推需要获取多少新客户才能达成市场目标，或者在市场费用固定的情况下，需要提升哪些环节的转化率。这些都能帮助企业形成更加良性的营销内循环，避免各节点间的信息不对称。

关注营销效率并不等于在营销上束手束脚。企业要真正意识到，品牌和数字化、品牌和流量、品牌和效果转化这三组关系并非全然对立，而是由于大家对"品牌""流量"以及"效果"的定义不同和内涵理解有分歧而引起的。我们认为，只强调其中任何一个方面都有"以偏概全"的问题。在今天超竞争的环境下，全面与科学的认知能力已成为企业的底层核心竞争力。

至此，五条链路全部展开，两条分析链路——消费者心理链路和消费者行为链路，两条操作链路——企业行为管理链路和媒介管理链路，一条监测链路——营销效率测量链路。缺失其中一条会怎样？会只见树木，不见森林，也容易被很多花哨概念扰乱视线，比如说硬要把广告按照品牌和流量区分，而忘记消费者行为层面的营销只有全链路地有效促使消费者决策、完成购买这个目的。正如"内容营销之父"乔·普利兹所言："最重要的不是品牌、产品和服务，而仅仅是你的用户。"

本章讲述的是构建品牌双螺旋的最后一个环节"全域链路"，承托使命初心、用户满足、品类破局与品牌升维的全方位建设，以智情共驱展开，直接触发购买。链路是轨道，内容是子弹，二者密不可分。唯有当链路与内容有效融合之时，二者才能具备最强的爆发力，真正成为能够驱动消费者行为的营销动能点。

本章的最后，我们想带大家追溯一起中国互联网二手车营销战事。曾经二手车赛道热钱不断涌入，从地面推广、影视植入到明星代言铺天盖地，各家企业都想方设法争夺用户视线，资源消耗之浪费令人咋舌：从 2015 年 10 月到 2016 年 3 月，优信花了近 5 亿元的营销费，到 2017 年春节又投入超过 3 亿元；瓜子也曾展开猛烈轰炸，在刚启动的两个月内就烧掉 2 亿元，后来又请明星代言，将一句"没有中间商赚差价"做到家喻户晓；人人车则斥资 7000 万元邀来明星代言，又紧跟着大规模投放宣传内容……这还只是行业前三名的投入情况。

但是，巨额广告投入实际只击中了全域链路中的"见"，触达率确实很高，但是"见"之后的消费者心理和消费者行为链路，以及链路指向的点开率、进店率、成交率并没有系统得到优化。瓜子曾声称平台单月成交近 5 万辆，即便按高位的 30 万元每辆成交、中介费 5% 计算，也难以覆盖巨额营销费用；优信也曾传出因运营困难，无力承担广告投放资金的消息。两家互联网企业实质上是用传统广告的打法点燃了市场，却造成了资源的巨大浪费。目前二手车市场终于步入窘境，忽视转化率、加大营销投入费用造成了资源过度消耗，用《道德经》解读，叫作"大军过后，必有凶年"。所以科学的营销在今天尤为重要，这就是我们全域链路逻辑的出发点，虽然我们意识到其中的一些理念目前与实践仍有距离，但是它们毕竟是可以看得见的趋势。

| 本章小结 |

- ▶ 十年来数字化迅猛发展，对营销人来说反而是"迷思的十年"，营销技术更多、更复杂，但是营销人却越"卷"越困惑。这就要求营销人回归本质、重新出发。
- ▶ 品效平衡（60% 的品牌广告、40% 的效果广告）才能穿越周期。

效果广告能够短期促进销量的提升，但只要停止投放，业绩就会回到原点。品牌广告复利效应随时间增长逐渐凸显，三年以上品牌广告的销售驱动是效果广告的三倍。

▶ 智情结合来推动品效平衡：

- 情：内容播传，如何通过"1+N+X"内容和媒体的结合，树立长期的**品牌热爱**。
- 智：链路贯通，如何在消费者的关键行为决策点上布局，引导消费者购物决策的**效果转化**。

▶ 内容播传：在这个时代，品牌更需要**形散神聚的内容矩阵和规模化精准的媒体组合**。

- "1"是表达品牌核心主张的主题营销。通过鲜明的创意主张、直击人心的故事与核心媒体投放结合，形成品牌的中心化记忆。
- "N"是基于兴趣、场景、人群的事件营销，为用户提供超越预期的体验，并且通过场景媒体加持，形成内容破圈影响。
- "X"是KOL、UGC推广的精准营销，通过个性化种草，实现口碑式转化。

▶ 效果转化需要五条链路的综合布局，它们是消费者心理链路、消费者行为链路、企业行为管理链路、媒介布局链路、营销效率测量链路。五条链路需要系统一致。

▶ 在今天越来越碎片化的媒体环境中，要想改变消费者行为，需要高频触达（至少达到8次），才能形成新品牌认知、新产品破圈、新场景习惯。

▶ 新一轮AI革命不会改变营销的本质，却将以工具的形式重塑营销，不仅仅用于降本增效，更将用来成就伟大的品牌、创造美好的生活。

相信品牌的力量

　　《品牌双螺旋》这本书历经 24 个月的打磨，这段时间包括我从世界顶级的品牌操盘手转型为陪跑企业发展的战略顾问的 18 个月。一路在实战中理解中国式增长的挑战与机遇，在理论上研讨世界级学问的迷思和新解，深深领悟了品牌建设是个知易行难的历程。

　　中国众多的企业家、创始人、营销师往往把品牌当作灵丹妙药，把白牌（价格力主导）、厂牌（渠道力驱动）、名牌（心智力占领）和品牌（价值观溢价）混为一谈，期待产品爆款、流量带货、品效营销就可以形成品牌长期护城河。数字时代的流量红利更加深了这种营销上的"穷人思维"，企业不断地耗费大量精力忙着追逐各种热点红利，忽略了构建品牌的核心竞争力。一旦竞争加剧、流量见底、红利消失，品牌的发展就会陷入僵局。所以，2021 年后潮水退去，行业开始逐渐反思品牌在中国失落的 10 年，意识到品牌是一套长期的系统工程，开始讨论怎样可以真正形成品牌的力量。

　　《品牌双螺旋》这本书以品牌的初心为起始点，将品牌背后的理性与感性以逻辑的方式，似 DNA 的双链一样交织展开，王赛和我试图让品牌重回本质与内核精神，又赋予品牌数字化变革时代的新方法。品牌需要从五个层面塑造或者重塑，构建核心竞争力，促成业务新增长。在这里我们再做一下总结。

第一层面是使命初心。这是品牌双螺旋的顶层要素，也是品牌的定调势能点。品牌起始于一个价值承诺，使命初心存在的意义就是确立品牌的"价值理念"，明确划清企业行为准则中的"什么可以做，什么不可以做"。它自带强大的能量，也可以释放或者转化为其他形式的能量，帮助品牌建立一套完整的客户价值创造体系，引领企业获得独特的竞争地位。

第二层面是用户满足。这也是品牌成长的破局点。从人性切入，围绕需求洞察和赛道容量两端，创新地引入克里斯坦森JTBD理论，提出3M来选择或者创新赛道。

第三层面是市场破局，精选打磨超级产品，重新定义心智位置点。提出从品类定位，到场景下JTBD的定位视角；不同于原有的定位理论的品类第一性，而是从消费者视角出发，建立"场景—任务型"的心智第一性。同时，再将其转化为产品设计，完成"需求—品类—产品"的闭环。

第四层面是品牌升维，决定了品牌的价值点。提出了情层面的新品牌五度：价值高度、人设温度、场景强度、关系厚度和记忆深度；梳理了智层面的理性逻辑：品牌组合及结构关系。二者叠加，帮助品牌完成从价格导向到价值观引领的升维突破，真正构建有价值的品牌。

第五层面是全域链路，落地了营销的触达点。针对在数字时代品牌如何影响消费者行为，提出了新链路，强调了内容播传的实战案例。

本书写作过程中，非常感谢我的搭档王赛这位畅销商业书作者的"带飞"。扎实的理论功底、系统的知识梳理、深入的实战案例、充分的思维碰撞，是过去24个月的主题。过年长假、每个周末，我们都在某个咖啡馆里共同讨论、彼此督促、反复码字、学习成长。

特别鸣谢中国顶级商业出版策划人、山顶视角创始人王留全先生亲自操刀主理本书。留全老师总是用各种"灵魂拷问"来激励我们："两位在中国营销界和咨询界多年浸润，应该好好总结梳理，写出一本引发业内思考的书啊！"他总是用专业视角来推动我们更进一步："这本书不需要雅俗共赏，但是要5～10年后再读仍觉得言之有物。"

感谢周凯玲帮助整理案例、梳理文字，让整本书有血有肉地鲜活起来。感谢山顶视角的编辑叶赞审稿把关，让整本书前后呼应、合规。也特别感谢业内各位同好的启发讨论——与各大外企的CMO的专业研讨、与各位创始人的深入聊天、各大平台的商业化白皮书写作、各种营销咨询的灵感启发。当然，也要感谢营销界和咨询界各位好朋友的反复催稿。你们的每一句询问、每一次讨论、每一个催促，都是我们前进的动力。

品牌的力量，是增长的指路明灯。内心有光，才能不乱于心、不缠于物，一边温暖企业内部，一边照亮外部用户，用长期价值引领短期增长。品牌的力量在今天更显重要，完整的品牌塑造体系更显价值。业界讨论品牌的书早已汗牛充栋，实战中更是充满了各种方法论。王赛和我讨论再三，是不是有胆识、有能力让品牌原理在数字时代开出新花，最终还是决定担负起新一代营销人、咨询顾问的使命，尽力梳理了品牌双螺旋体系。更希望这本书可以抛砖引玉，让企业家、创始人、营销工作者开始思考品牌的长期价值和体系打造，这也正是这本书的终极意义。

鲁秀琼

科特勒新营销系列

书号	书名	定价	作者
978-7-111-71337-1	营销革命5.0：以人为本的技术	69.00	(美) 菲利普·科特勒
978-7-111-66272-3	什么是营销	69.00	曹虎 王赛 科特勒咨询集团(中国)
978-7-111-62454-7	菲利普·科特勒传:世界皆营销	69.00	(美) 菲利普·科特勒
978-7-111-63264-1	米尔顿·科特勒传:奋斗或死亡	79.00	(美) 菲利普·科特勒
978-7-111-58599-2	营销革命4.0:从传统到数字	45.00	(美) 菲利普·科特勒
978-7-111-61974-1	营销革命3.0:从价值到价值观的营销(轻携版)	59.00	(美) 菲利普·科特勒
978-7-111-61739-6	水平营销:突破性创意的探寻法(轻携版)	59.00	(美) 菲利普·科特勒
978-7-111-55638-1	数字时代的营销战略	99.00	(美) 艾拉·考夫曼 (中) 曹虎 王赛 乔林